행복 공화국 대통령 서대반 장로의 행복학 시리즈 3

가정 행복학

행복 공화국 대통령 서대반 장로의 행복학 시리즈 3

가정 행복학

발행일 2019년 8월 7일

지은이 서대반
펴낸이 손형국
펴낸곳 (주)북랩
편집인 선일영
디자인 이현수, 김민하, 한수희, 김윤주, 허지혜
마케팅 김회란, 박진관, 조하라, 장은별
출판등록 2004. 12. 1(제2012-000051호)
주소 서울시 금천구 가산디지털 1로 168, 우림라이온스밸리 B동 B113, 114호
홈페이지 www.book.co.kr
전화번호 (02)2026-5777

편집 오경진, 강대건, 최승헌, 최예은, 김경무
제작 박기성, 황동현, 구성우, 장홍석
팩스 (02)2026-5747

ISBN 979-11-6299-820-5 04230 (종이책) 979-11-6299-821-2 05230 (전자책)
979-11-6299-815-1 04230 (세트)

이 도서의 국립중앙도서관 출판예정도서목록(CIP)은 서지정보유통지원시스템 홈페이지(http://seoji.nl.go.kr)와 국가자료공동목록시스템(http://www.nl.go.kr/kolisnet)에서 이용하실 수 있습니다.
(CIP제어번호: CIP2019030476)

행복 공화국 대통령 서대반 장로의 행복학 시리즈 3

사랑과 감사와 기쁨과 행복이 넘치는
가정이 되기 위해 꼭 필요한 지침서

가정 행복학

서대반 지음

북랩book Lab

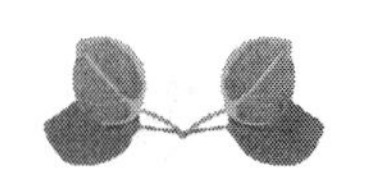

이

모든 영광을

하나님께 올려 드리며

책이 출판될 수 있도록 허락하신

하나님께 진심으로

감사드립니다.

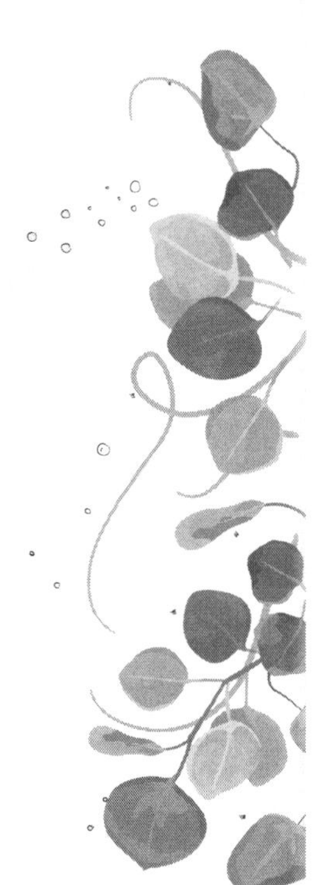

지금까지

부족한 이 남편과

35년 동안 함께 살아오면서

기도와 격려를 아끼지 않고 믿고 따라준

사랑하는 아내 주애자 전도사에게

머리 숙여 감사를 표하며

이 책을 바칩니다.

아울러

우리 부부의 최고 선물인

사랑하는 아들 서진수, 딸 서지혜

아들과 결혼해 준 사랑스러운 며느리 유지선

아들 부부의 아름다운 선물

손자 서연오, 서정오

정말로 고맙고

사랑한다.

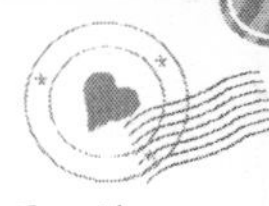

행복을 전하는 사랑의 편지

To............................

....

....

....

....

....

....

....

....

....

....

....

....

....

....

....

From ....

이 책과 함께 행복과 사랑을 전하는

당신의 마음을 전해 주세요!

머리말

진정 행복하기를 원하는 이 세상 모든 분들에게

내가 행복하면 온 세상이 행복하고, 내가 불행하면 온 세상이 불행해진다는 말이 있다. 그러나 나는 행복하더라도 가족 중 누가 불행한 일을 겪게 되면 나의 행복은 어느새 날아가 버리고 불행으로 바뀌게 된다. 그래서 가족들은 행복도, 불행도 같이 겪게 되는 공동 운명체라고 할 수 있다. 진정 행복해지기를 원한다면 나만의 행복이 아니라 가족 전부가 공유할 수 있는 행복이 되어야 진정한 행복이라고 말할 수 있을 것이다.

그렇다면 가족 전부가 진정 행복해지기 위해서는 가족 구성원 모두가 날마다 가정생활에서 사랑과 웃음이 가득하여 기쁨과 행복을 느끼고 살아야 진정 가족이 행복하다고 할 수 있을 것이고, 그렇게 되어야 진정으로 가족 구성원 모두가 생활에서 부족함 없이 만족과 기쁨을 느끼는 흐뭇한 상태로 진정 행복감을 만끽할 수 있지 않을까 생각해 본다.

더군다나 이런 행복을 자신의 뼈와 살인 사랑하는 배우자와 자신의 분신인 자녀들과 함께 누릴 수 있다면 그곳이 바로 가정 천국이 아닐까 싶다.

그동안 저자는 이 세상을 지혜롭고 가슴 따뜻한 아버지로 살아가기 위한 아버지 대학에서 올바른 자녀 교육에 대해 강의를 하면서, 신학교에서 행복한 부부 생활과 올바른 자녀교육에 대한 강의를 하면서, 또한 전국의 여러 교회와 단체를 다니면서 행복한 가정 생활과 부부 세미나 등을 강의하거나 인도하면서 '어떻게 하면 행복하게 살 수 있는지?', '개인과 가정이 행복해지기 위해서는 어떻게 살아야 하는지?'. '행복한 가정은 어떤 가정인지?', '행복한 가정이 되기 위해서는 부모가 자녀에게 어떻게 해야 하는지?', '자녀는 부모에게 어떻게 해야 하는지?', '할아버지와 할머니에게는 어떻게 해야 하는지?' 등에 대해 저자의 생각과 관련 서적들을 참고하여 부족하나마 가이드라인을 만들어 보았다.

진정 사랑과 웃음이 가득하고 감사와 기쁨이 넘치는 행복한 가정이 지상 천국이라고 굳게 믿고 있는 저자 나름대로 행복한 가정의 비결을 피력하면서 책 이름을 『가정 행복학』이라고 명하여 보았다.

그리고 지금도 사랑하는 아내와 자녀들을 위해 불철주야 수고와 희생을 아끼지 않으시는 세상의 모든 남편이자 아버지들과 지금 이 순간에도 사랑하는 남편과 자녀들의 건강과 행복을 위해 자신의 모든 것을 다 희생하면서도 더 주지 못해 안타까워 어쩔 줄 몰라 하고 있는 세상의 모든 아내이자 어머니들, 그리고, 자신과 부모님의 기쁨이 되기 위해 열심히 학문에 정진하기도 하고, 사회 각 분야에서 자신의 자리에서 성실하게 생활하고 있을 이 땅의 모든 자녀들과 진정 행복하기를 원하는 모든 독자 여러분들의 앞날에 항상 건강과 행운이 함께 하기를 기원한다.

세상 모든 사람들의 얼굴에 사랑과 웃음이 가득하고, 세상 모든 가정에 기쁨과 행복이 가득하게 되는 날이 반드시 오리라 확신하며….

2019년 8월
이 책을 읽으시는 모든 독자분들에게
사랑과 웃음과 기쁨과 행복을 전하고 싶은
행복 대통령 서대반 장로 드림

제3장 부모가 자녀에게

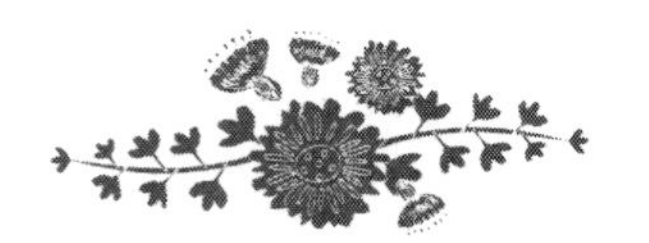

제1장

행복한 가정이란

01

행복한 가정 만들기

가정은 인간이 자라고 형성되고 훈련을 받는 교육의 장소인 동시에 인간 행복의 극치를 누리며 인간다운 보람을 느끼면서 살게 하는 가장 기본적인 사회 단위이다. 가정은 가족들이 서로 존경하고 신뢰하며 서로 무조건적으로 용납하고 이해하고 봉사하는 사랑의 보금자리요, 상한 마음과 고단한 영육의 피곤을 풀고 위로를 얻는 인생의 안식처요, 피난처이다.

사람들이 만일 가정에서조차 불행하면 이 세상 어디에서도 행복을 찾을 수 없지만 가정에서 행복을 체험하고 올바른 인격을 형성하면 이들은 평생토록 행복하게 살 수 있을 것이다. 이 세상에서 일어나는 대부분의 불행과 재난과 범죄의 원인은 가정에 있다. 가정에서 어릴 때 채워져야 할 기본적인 욕구, 즉, 애정이 결핍되고 자기애가 길러지지 않아서 그런 무책임한 행동을 하게 되는 것이다.

이와 반대로 훌륭한 인물은 모두가 가정에서 그러한 정신의 고취로써 양육되고 교육을 받았다. 좋은 열매는 좋은 나무에서 맺어지듯이 위대한 인물은 훌륭한 가정, 위대한 부모에게서 길러지는 것이다. 그래서 가정은 불행하고 악독한 인물을 길러내는 온상이 되기도 하고, 행복하고 위대한 인물을 기르는 온상이 되기도 한다. 다시 말해서 '가정의 불행은 모든 악의 근원이며 가정의 행복은 모든 선의 근원이 된다'고 단언할 수 있다.

진실로 가정은 중요하다. 만약 이 땅에 있는 모든 가정이 사랑과 행복이 넘쳐 흐르는 낙원과 같은 곳이 된다면 우리가 사는 이 세상은 어떤 곳이 될지 상상해 보자. 그곳에는 정신병원도, 교도소도, 거지도 있을 수 없을 것이다.

가정은 사랑을 만드는 공장이요, 부모는 사랑을 제조하는 직공이라고 말하고 싶다. 만약 가정이 사랑의 샘터가 되고 그곳에서 계속 사랑이 솟아난다고 한다면 인류는 얼마나 행복하고 평화스럽겠는가? 가정은 인간의 존엄성과 권리와 인류애의 정신을 배우고 실천하는 곳이다. 가정은 세계를 내 가정으로 만들고 인류를 내 가족으로 삼아서 한 아버지 밑에 있는 한 형제자매로 사는 법을 배우고 실천하는 가장 위대한 학교이다. 여기서 교사의 역할을 감당해야 하는 부모의 사명이 진실로 중요하다. 이는 부모 자신이 그러한 정신을 몸소 실천하고 자신의 인격으로 가르쳐야 하기 때문이다.

가정에서의 인간관계가 모든 인간관계를 결정짓는다고 생각한다. 자녀의 입장에서 보면 부모가 사랑스러우면 세상 사람들도 사랑스럽게 보이지만 부모가 미우면 다른 사람들도 모두 미워지는 것이다. 가족 간에 따뜻한 애정이 없이는 따뜻하고 원만한 인간성의 발전이란 있을 수 없으며, 남도 그렇게 취급할 수밖에 없다.

가정을 대치할 그 아무것도 이 세상에는 없다. 가정의 사명은 학교나, 국가도 대신 할 수 없다. 그러므로 가정을 개혁하기 전에는 국가나 세계도 개혁할 수 없다. 에드워드 기번은 로마 제국이 멸망한 원인의 하나로 로마의 놀랄 만한 이혼율의 증가와 가정의 붕괴를 들었다. 가정의 붕괴가 급속히 늘어간다면 그 나라는 지탱할 힘이 없어진다. 세실 마이어즈는 "어떤 사회에서나 가정이 부도덕하고 훈련이 결여되고, 그리고 진정한 사랑이 없이 물질적인 가치에만 비중을 두고 인간을 존중하는 법도를 가르치지 못한다면, 그때는 학교도 교회도 정부도 아무것도 그 기능을 발휘할 수 없게 된다"고 말했다.

1) 가족이 다 행복한 가정

행복한 가정은 그 가정에 사는 가족이 다 행복해야만 이루어진다. 행복한 사람만이 타인을 행복하게 할 수 있기 때문이다. 불행한 사람은 결코 남을 행복하게 할 수 없을뿐더러 남을 올바르게 사랑할 수 없다. 이들은 불행감, 열등감, 욕구 불만에 사로잡혀서 항상 남에게서 그 무엇을 빼앗을 것만 생각하지 남에게 준다는 것은 생각하지 못한다. 이들은 결국 요구하는 것만큼 받을 수 없으므로 원망, 불평, 짜증이 많아지고, 따라서 가정 전체를 불행하게 할 수밖에 없다. 이런 불행한 사람들이 사는 가정에서 자란 어린이들은 자신도 모르는 사이에 불행한 사람이 되어 버린다.

만약 가족 중에 한 사람이라도 불행하면 그 가정은 행복할 수가 없다. 아버지에게 멸시를 받는 어머니는 자식에게 모든 소망을 걸고 자식을 우상과 같이 취급하기 쉽다. 그러나 이 기대와 소망은 언젠가는 무너지기 때문에 더욱더 불행해질 수밖에 없다. 어머니는 오로지 자식에게만 소망과 기대를 두지 말고 다른 행동이나 취미 생활을 하는 것이 자신의 행복과 정신건강상 중요하다.

자식을 극진히 사랑하는 아버지는 그의 아내도 극진히 사랑해야 함을 알고 있다. 행복한 어머니라야 자식도 행복하게 양육할 수 있기 때문이다. 아버지는 자녀 교육비가 공납금이나 학용품만이 아니라 그의 아내를 행복하게 하는 데 쓰이는 모든 비용도 포함되어야 하는 것을 알아야 한다. 예컨대 어머니의 건강을 위한 좋은 음식과 보약, 그리고 어머니가 기뻐할 수 있는 의복이나 오락이나 여행 등도 교육비로 생각하여야 한다는 말이다.

어머니도 역시 마찬가지이다. 존경받지 못하는 아버지는 결코 좋은 아버지가 될 수 없고 자녀들을 사랑할 수 없다는 것을 알아야 한다. 아내가 남편을 극진히 존경하고 행복하게 하면 그만큼 자녀들도 아버지를 존경하고 기쁜 마음으로 아버지에게 순종할 수 있다.

부모뿐만이 아니다. 가족 중 그 누구라도 한 사람이 불행하면 어린이의 마음이 평온하지 못하고 갈등이 일어나게 된다. 특히 어린이가 좋아하는 어떤 가족 구성원이 다른 가족들로부터 멸시를 받게 되면 이 어린이는 갈등과 불안과 긴장으로 공부를 잘할 수도 없고 순수하고 선량한 마음을 가질 수도 없을 것이다. 그러므로 부모는 자녀들을 위해서라도 할머니나 할아버지 등 그 밖의 가족들을 사랑해야 한다.

2) 분위기가 행복한 가정

행복한 가정은 그 분위기가 행복하다. 그 분위기가 성격을 형성한다. 행복하고 따뜻한 분위기는 행복하고 따뜻한 성격을 만들지만 엄격하고 가혹한 분위기는 그러한 분위기대로 성품을 형성한다. 가정이 불행하면 가족들은 실의와 불행감 때문에 자포자기해서 자신들을 헐값으로 던져 버리기 쉽다. 생에 대한 의욕이나 사명감을 가지고 최선을 다해서 일을 할 수가 없게 되는 것이다.

가정 분위기를 만드는 첫째 요소는 부모나 가족들의 성격이다. 가족들의 성품이 낙관적이고 유머를 좋아하면 온 가족들이 잘 웃을 줄 알고 그만큼 정신 건강도 좋아진다. 자녀들이 실수를 했을 때에는 오히려 위로해 주고 농담하면서 큰소리로 웃어 버릴 수 있는 부모는 진실로 훌륭한 부모이다. 이러한 양육을 받고 자란 자녀들은 생의 모든 면에서 기쁨과 웃음을 발견할 뿐 아니라 생을 아름답고 선하게 보며 어떠한 인간 속에서도 최선을 발견하고 기뻐할 수 있는 사람이 될 수 있다.

낙관적인 인생관을 가져라! 아름다운 세계를 볼 줄 알고 그것을 기뻐하고 감사하고 사랑하는 마음을 가져라! 일상생활 속에서 자연스럽게 "아! 산이 참으로 아름답구나! 저렇게 좋은 산이 우리 집 부근에 있구나!"라고 말할 수 있는 어른이 되어야 한다. 이런 어른 밑에서 자란 어린이는 일찍부터 기쁨과 감사와 사랑의 세계를 체험하고 자신 속에 감추어져 있는 무한한 가능성이 계발될 수 있다. 그러므로 사소한 일에 원망이나 불평 또는 잔소리를 하지 말고 화를 내며 비판적인 태도를 취하지 말라. 이것은 가정 분위기를 어둡게 한다. 특히 신경질은 금물이다. 전염성이 강하기 때문이다.

식사 시간도 가정 분위기를 많이 좌우한다. 식탁은 즐거운 곳이어야 하고 가족들이 재미있는 경험담을 나누는 곳이어야 한다. 어떤 부모는 식사 때에 자녀들의 잘못을 들추어내어서 말하는 버릇이 있다. 이런 가정의 어린이에게는 식탁이 도살장처럼 느껴질 것이다.

가정 분위기를 만드는 둘째 요소는 가족들의 건강이다. 가족 중에서 한 사람이라도 병약하면 가정이 우울해진다. 특히 자녀들이 의지하고 보호를 받아야 하는 어머니나 아버지가 건강이 좋지 않다든지 병들어 누워 있으면 자녀들의 마음은 항상 어두운 그림자로 덮여 있게 마련이다.

어린이들에게 가장 좋은 때가 언제냐고 물어보면 대부분의 어린이들이 학교에 갔다가 집으로 돌아왔을 때 엄마가 웃으면서 반갑게 맞아주고 안아 주고 맛난 음식을 줄 때라고 대답할 것이다. 어머니의 얼굴은 온 세상을 대표한다. 어머니의 얼굴이 밝으면 세상이 밝게 보이고 어머니의 얼굴이 흐리면 세상이 어둡게 보인다. 어머니가 건강해야 밝은 얼굴, 밝은 인생관을 가지고 모든 것을 대변할 수 있다.

가정 분위기를 만드는 셋째 요소는 가족들 간의 이해와 용납과 겸손의 정신이다. 가족들이 서로 남의 입장을 이해하고 서로 그 모습 그대로 받아들이고 어떤 잘못이라도 용서하며, 남을 꾸짖기보다 자신을 꾸짖는 겸손의 정신이 흐르는 가정 분위기 속에서는 어린이들이 착하고 구김살 없이 순수하고 행복하게 자라지 않을 수 없다.

그러나 지나치게 아동 중심이 되어서 어른들이 어린이의 종이 되거나 또는 지나치게 어른 중심이 되어서 자녀들이 무서움에 맹목적으로 복종해도 불행하다. 이런 가정의 어린이는 항상 압박과 긴장 속에서 살아갈 수밖에 없다. 가족 중에 어느 누구라도 폭군이 되거나 종이 되어서는 안 된다. 부모의 권위가 상실되거나 자녀의 인격이 무시된다면 이들은 모두 불행해지고 말 것이다.

지나친 꾸중이나 비판 혹은 잔소리나 설교보다도 부모 자신의 인격 자체로 본을 보이고 감화를 주면서 무언중에 교육하는 것이 훨씬 더 효과적이라는 것을 강조하고 싶다. 즉, 부모는 자녀를 비판하거나 설교하기 전에 자신을 비판하고 자신을 고치려는 심정이 가장 중요하다는 말이다.

남을 꾸짖기보다 자신을 꾸짖는 아름다운 마음이 남을 마음을 감동시키는 것이다. 즉, 남의 잘못을 보기 전에 먼저 자기 자신에게로 눈을 돌려서 자신의 추한 모습을 바라보고 슬퍼하는 겸손하고 따뜻한 마음이 바로 인간의 마음을 움직일 수 있다는 말이다.

3) 민주적인 가정

여러 가정을 조사한 바에 의하면 독재보다 민주주의 정신이 실천되는 가정이 행복한 가정이었다고 한다. 민주적인 가정에서는 어느 한 사람만이 우두머리가 되어서 다른 사람들을 지배하고 맹종하게 하지 않는다. 민주적인 가정에서는 가족 개개인이 다 인간으로서 무한한 권리와 자유를 행사할 수 있으며 각자가 다 사랑과 존경의 대상이 된다.

민주적이라고 해서 권위가 존재하지 않는다는 것은 아니다. 부모는 가족들을 보호하고 사랑하고 행복하게 하기 위해서 행정권을 사용할 때도 있을 것이다. 그러나 이때의 권위는 결코 권위를 위한 권위가 아니라, 가정의 행복과 질서에 필요한 자기 훈련을 시켜 주는 수단으로서의 권위라야 한다.

또한 민주적인 가정은 가족 구성원 각자에게 독특한 책임이 부여되고 구성원 각각이 없어서는 안 될 귀중한 존재로 인정되는 곳이다. 그러므로 이런 가정에서 어떤 결정을 내려야 할 때는 각 사람의 의견을 다 고려하며, 어린이들까지도 스스로 의견을 내고 결정할 수 있는 기회를 주어야 한다. 어린이가 그의 자유와 독립권을 현명하게 사용할 준비가 되었다면 언제나 그것을 발휘하는 것이 허용되어야 할 것이다.

만약 아이가 낮에 부모에게 꾸중 들은 일이 있으면 부모는 자기 전에 반드시 아이의 마음을 풀어 주고 부모의 사랑을 재확인하는 중대한 일을 하라. "너는 오늘 실수를 했지만 착한 아이다. 염려하지 마라. 엄마는 어떤 경우에도 너를 사랑한다"는 말을 남겨 둔다. 이런 말을 들은 아이는 자기 자신을 죄인 취급하지 않을뿐더러 부모의 더 큰 사랑을 깨닫고 안심하고 잘 수 있다. 이로써 아이는 단잠을 이루고 정신 건강 상태도 좋아진다. 이렇게 해서 그는 긴 생애를 통해서 남을 용서하는 관대한 사람이 되는 것이다.

위대한 민족의 조상들은 먼저 감사하는 마음과 더불어 인류에게 봉사하는 정신을 자손들에게 고취시켜 주었다.

4) 같이 즐기는 가정

행복한 가정이란 가족들이 같이 즐기고 일하는 곳이다. 어린 시절에 가정에서 즐거운 체험을 많이 한 어린이들은 평생토록 행복한 사람으로서 살아간다. 올바른 인격과 낙관적인 인생관은 가정의 소산이다. 그러나 어릴 때 슬픈 경험을 많이 한 어린이는 생을 슬프게 보고 쉽게 낙심하여, 용기를 가지고 생을 모험할 수 없다.

어릴 때 많이 굶주렸거나 병을 자주 앓았거나 부모와 떨어진 경험이 많거나 가정이 불화하거나 이사를 자주 했다거나 매를 많이 맞은 어린이는 일찍부터 슬픈 생을 맛보았기 때문에 이 같은 생을 당연하게 생각하고 그러한 생을 기대하게 된다. 다시 말해서 이러한 어린이들은 그들이 살아온 환경 이상의 것을 기대하거나 만들기가 지극히 곤란하다는 말이다.

행복한 아동기는 돈 주고도 살 수 없는 귀중한 것이다. 왜냐하면 행복한 경험은 바람직한 인격을 만들어 평생토록 행복하게 살 수 있는 바탕이 되기 때문이다. 어린이들은 부모와 같이 즐기고 놀고 일하는 시간을 좋아한다. 엄마 아빠의 손을 잡고 산으로 들로 소풍 가는 일은 어린이들의 뇌리에 영구히 잊지 못할 아름다운 추억이 될 것이다. 어린이들로 하여금 아빠 엄마가 좋아서 견딜 수 없는 마음을 가지게 하라. 이것이 억만금의 재산보다도 귀한 것이다. 이것이 모든 사람들을 좋아하고 사랑하는 마음의 바탕이 되기 때문이다. 자녀들로 하여금 엄마 아빠와 같이 있는 시간을 많이 가지도록 하라. 이들이 사랑하는 부모와 같이 있을 때는 어두운 밤도 무섭지 않고 험한 산길도 피곤하지 않고 추위와 배고픔도 참을 수 있다.

가정은 인류의 요람이다. 우리 모두 가정에서 태어났고, 자라났고, 여기서 인간으로 형성되었다. 이 가정을 행복하게 하기 전에는 세계평화가 없다는 것을 기억하라.

그렇다면 사랑과 웃음과 감사와 기쁨이 가득한 행복한 가정을 만들기 위한 방법은 과연 무엇일까?

행복한 가정을 만들기 위해서는 가족 구성원 모두가 모든 것을 함께하여야 한다. 모든 것을 함께 이야기하고 들어주며, 기쁨과 설움도 함께하고, 행동과 생각도 함께하며, 책임과 의무도 가족 모두가 함께 실천하는 그런 가정이 바로 사랑과 웃음과 감사와 기쁨이 가득한 행복한 가정이 아닐까?

02

우리 가정의 행복 지수 높이기

1) 우리 가정의 행복 지수를 높이려면

- 모자란 듯 살아라.
- 매사를 긍정적으로 이해하자.
- 부자가 되면 행복해질 것이라는 생각을 버려라.
- 범사에 감사하며 살아라.
- 웃으면서, 기쁘게 살아라.

올해는 꼭 행복해져야겠다고 다짐하면서 가정의 행복을 최고의 목표로 삼아 새해 첫날 온 가족이 모여서 가정 목표를 세우고 온 가족이 노력하여 행복한 가정을 만들도록 설계하라.

2) 행복한 가정을 위한 노력 7가지

- 대화 단절의 주범, TV를 멀리하자.
- 부모가 책 읽는 모습을 보이자.
- 가족 간에 하루 한 번 이상 칭찬하자.
- 아침식사는 함께, 그리고 대화를 나누자.
- 약속을 지키는 가족이 되자.
- 일주일에 한 번은 가족의 시간을 갖자.
- 작은 일에도 감사하고 기뻐하자.

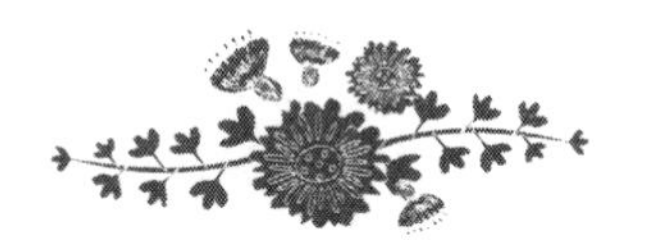

제2장

가족 구성원 모두가 해야 할 일

01

항상 웃는 모습으로 가족들을 대하라

저녁에 아빠가 퇴근하여 한 손엔 자녀들이 좋아하는 과자를 한 보따리 들고, 다른 한 손엔 서류 가방을 든 채 얼굴엔 웃음이 가득한 모습을 하고 현관문을 들어선다. 신발도 채 벗지 않은 채 "여보! 나 왔어", "진수야! 지혜야! 아빠 왔다"며 사랑이 가득한 목소리로 아내와 자녀들의 이름을 일일이 부르면 주방에서 앞치마를 두르고 남편과 자녀들이 함께 먹을 맛있는 된장찌개를 보글보글 끓이고 있던 아내와 책상에서 공부하고 있던 자녀들도 얼굴에 웃음이 가득한 채 하얀 이를 드러내고 활짝 웃으며 우르르 아빠에게 달려든다.

"여보~오!", "아빠~아" 하면서 네 식구가 부둥켜안고 빙글빙글 돌며 50년 만에 만난 이산가족 상봉 현장처럼 난리 법석을 떨고는 서로의 볼을 비비고, 서로를 껴안고 서로 "보고 싶었다" 서로 "사랑한다"고 고백한다. 선물을 하나씩 들고 기분이 최고로 좋아진 자녀들과 서로 사랑이 가득 찬 눈동자를 주고받는 부부가 한 상에 둘러 앉아 도란도란 이야기꽃을 피우며 오늘 하루 있었던 일들을 주고받으며 맛있게 저녁식사를 하는 가정을 상상해 보라. 가슴이 따뜻해지고 행복해지지 않는가?

이것이 바로 행복이고, 이곳이 진정 천국이 아니겠는가? 과연 이 세상에서 이보다 더 아름답고 행복한 풍경이 어디에 있겠는가? 생각만 해도 기분이 좋아지고 마음이 흐뭇해진다. 언제나 싱글벙글 웃는 아빠, 항상 집 안팎에서 생글생글 웃음을 띠고 있는 엄마, 무엇을 하든지 방글방글 웃고 있는 자녀들. 이런 가정에 복이 들어오지 않고 어떤 가정에 복이 들어가겠는가?

지금 현재 나의 가정은 항상 웃고 있는 건강한 가정인가? 아니면 항상 찡그린 얼굴로 보는 가족들을 불편하게 만들고 있는 가정인가?

행복과 불행은 누가 가져다주는 것이 아니라 자신들이 만들어 가는 것이 아닐까?

과학자들은 모든 사람의 몸에 매주 암세포가 자란다는 사실을 발견해 냈다. 다행히 강력한 면역체계 덕분에 우리 몸에는 '자연살해 세포'가 생성된다. 이 세포는 주로 비정상 세포를 공격하여 파괴한다. 그런데 연구에 따르면, 두려움과 걱정, 근심, 스트레스

등의 부정적인 감정이 자연 살해 세포를 파괴하는 것으로 밝혀졌다. 스트레스는 우리의 면역 체계를 약화시켜 우리 몸을 질병에 취약하게 만든다.

반면, 행복하고 긍정적인 태도를 가진 사람, 항상 웃고 사는 사람의 몸에는 정상인보다 많은 자연 살해 세포가 생성된다. 얼마나 멋진가! 기쁨으로 가득한 사람의 면역 체계는 기능을 극한까지 발휘한다.

건강을 위한 가장 좋은 습관 중 하나는 자주 웃는 것이다. 웃음은 몸 전체에 메시지를 보내 삶의 방향을 결정한다. 웃으면 특정한 화학 물질이 몸 전체로 분비되어 긴장을 완화시키고 건강 유지를 돕는다는 연구가 속속 나오고 있다.

그렇다면 우리가 이렇게 기분이 너무 좋고, 기쁜 감정이 벅차오를 때 크게 웃게 되는데, 이렇듯 박장대소를 하며 크게 웃는 모습을 보면 '웃음보'가 터졌다고 말한다. 그렇다면 웃음보가 실재 존재할까?

미국의 과학자들은 인간의 뇌에서 웃음을 유발하는 지역을 발견했다고 《네이처》가 보도했다. 이들은 10대 소녀의 좌측 전두엽에 존재하는 웃음에 민감한 부분을 약한 전류로 자극하였을 때 이

소녀가 웃음을 참지 못한다는 것을 발견하였다.

미국 캘리포니아 대학 병원 이차크 프리트 박사는 이 병원에서 간질에 걸린 16세 소녀의 병 원인을 찾기 위해 연구를 하다가 왼쪽 대뇌의 사지 통제 신경조직 안에 있는 4센티미터의 웃음보를 발견했다. 웃음보를 자극하자 환자는 우습지도 않은 상태에서 웃음을 터뜨렸다. 또 웃음보가 뺨의 근육을 움직이며, 즐거운 생각을 촉발해 웃음 동기를 부여한다는 사실도 확인했다.

그 위치는 왼쪽 이마 옆(전두엽)의 아래와 뇌 중간 윗부분이 겹치는 영역이며, 이 부분은 이성적 판단을 이끌어내는 이마 옆과 감정을 맡는 변연체가 만나는 'A10영역'이라 불리고, '도파민'이라고 불리는 신경전달 물질이 많은 신경세포들로 가득 차 있다.

1) 웃음 실천 십계명

(1) 크게 힘차게 웃어라

크게 웃는 웃음은 최고의 운동법이며 매일 1분 동안 웃으면 8일을 더 오래 산다. 힘차게 웃을수록 더 큰 자신감을 만들어 준다. 웃으면 근육이 절로 운동을 한다. 크게 힘차게 웃어라.

(2) 억지로라도 웃어라

웃음은 연습이다. 웃을수록 병은 무서워서 도망간다. 건강을 위해서 웃자. 웃는 연습을 하자.

(3) 눈 뜨면 웃어라

아침에 첫 번째 웃는 웃음이 보약 중의 보약이다. 집안에 웃음이 넘치면 3대가 건강하게 되며, 보약 100첩보다 훨씬 낫다. 옛 어른들도 소문만복래라고 하여 웃는 집에 만복이 들어온다고 하였다. 여러분들도 항상 웃어서 만복을 받기 바란다.

(4) 웃는 시간을 정해놓고 웃어라

아침, 점심, 저녁 자기가 웃을 수 있는 시간을 정하라. 그러면 병원과는 영원히 작별이다.

(5) 마음까지 웃어라

얼굴 표정보다 가슴으로 웃어라. 마음의 표정이 더 중요하다.

(6) 가장 즐거운 생각을 하며 웃어라

즐거운 웃음은 즐거운 일을 창조한다. 웃으면 복이 오고 웃으면 웃을 일이 생긴다.

(7) 여럿이 함께 웃어라

혼자 웃는 것보다 33배 이상 효과가 있다. 어깨동무를 하고 웃자.

(8) 고단하고 힘들 때 더 웃어라

진정한 웃음은 힘들고 어려울 때 웃는 것이다.

(9) 웃고 웃고 또 웃어라

웃지 않고 하루를 보낸 사람은 그날을 낭비한 것이나 마찬가지이다. 일주일을 매일 웃을 수 있는 방법은 다음과 같다.

월요일은 원래부터 웃고, 화요일은 화사하게 웃고, 수요일은 수수하게 웃고, 목요일은 목이 터져라 웃고, 금요일은 금방 웃고 또 웃고, 토요일은 토실토실하게 웃고, 일요일은 일부러 웃는다. 이렇게 웃으면 일주일을 매일같이 웃으며 살 수 있다.

(10) 꿈을 성취한 순간을 생각하며 웃어라

꿈과 웃음은 한 집에 산다고 하였다. 꿈을 생각하며 웃으면 꿈이 성취될 것이다. 누군가는 이렇게 말을 한다. "세상에 웃을 일이 있어야 웃지". 웃을 일이 없어서 웃지 못한다고? 웃을 일이 없는가. 그러면 일부러라도 웃어라. 일부러라도 웃다 보면 웃을 일이 생길 것이다.

3) 건강을 주는 웃음

- **폭소**(爆笑): 갑자기 터져 나오는 웃음
- **홍소**(哄笑): 입을 크게 벌리고 떠들썩하게 웃음
- **희소**(喜笑): 기쁜 웃음
- **희소**(嬉笑): 실없는 웃음 또는 예쁜 웃음
- **교소**(巧笑): 귀염성스럽게 웃음
- **대소**(大笑): 소리 내어 크게 웃음
- **교소**(嬌笑): 아양 떠는 웃음, 요염한 웃음
- **미소**(微笑): 소리를 내지 않고 빙긋이 웃음
- **미소**(媚笑): 아양 부리는 웃음
- **방소**(放笑): 큰 소리로 웃음
- **치소**(癡笑): 바보 같은 웃음

4) 웃음 속에 들어 있는 9가지 묘약

중국의 당나라의 거부(巨富) 송청은 웃음 속에 9가지의 불(不)을 극복하는 묘약이 들어 있다고 했다.

- 불신(不信): 웃음은 상대방이 나에게 갖는 불신을 없앤다.
- 불안(不安): 웃음은 나와 다른 사람과의 불안을 없앤다.
- 불앙(不怏): 웃음은 원망과 앙심을 없앤다.
- 불치(不値): 웃음은 물건 값을 속이지 않음을 보여준다.
- 불균(不均): 웃음은 나의 마음이 곧음을 보여준다.
- 불의(不倚): 웃음은 나에 대한 거리감을 없앤다.
- 불충(不忠): 웃음은 성의가 없다는 것을 없앤다.
- 불경(不敬): 웃음은 공손하지 않다는 생각을 없앤다.
- 불규(不規): 웃음은 원칙을 어길 수 있다는 생각을 없앤다.

5) 직업별 웃음소리

- 형사: 후 후 후(who who who)
- 요리사: 쿡 쿡 쿡(cook cook cook)
- 축구선수: 킥 킥 킥(kick kick kick)

- **악마:** 헬 헬 헬(hell hell hell)
- **색마:** 걸 걸 걸(girl girl girl)
- **살인마:** 킬 킬 킬(kill kill kill)
- **어린이:** 키득 키득 키득(kid kid kid)
- **인기가수:** 싱굿 싱굿 싱굿(sing good sing good sing good)
- **남자 바람둥이:** 허 허 허(her her her)
- **여자 바람둥이:** 히 히 히(he he he)

02

항상 긍정적인 말을 하라

우리나라 속담에 '말이 씨가 된다'는 말이 있다. 그만큼 우리의 일상생활에서 말이 중요하기 때문에 함부로 말을 하지 말고 말할 때는 신중하게 하라는 의미일 것이다. 이 외에도 다른 표현으로 '삼사일언(三思一言)'이라는 말도 있다. 한마디 말을 하더라도 세 번은 생각하고 말하라는 의미인 것이다. 이처럼 말이란 한 번 입 밖으로 내뱉으면 다시 입 안으로 주워 담을 수 없기 때문에 말을 할 때는 신중하게 생각해서 하라는 의미라 생각된다.

잠언 18장 20~21절에서는 "사람은 입에서 나오는 열매로 하여 배가 부르게 되나니 곧 그 입술에서 나는 것으로 하여 만족하게 되느니라. 죽고 사는 것이 혀의 권세에 달렸나니 혀를 쓰기 좋아하는 자는 그 열매를 먹으리라"고 하였고, 잠언 12장 14절에는 "사람은 입의 열매로 인하여 복록에 족하며 그 손의 행하는 대로 자기가 받느니라"고 하였으며, 에베소서 4장 29절에서는 "무릇 더러운 말은 너희 입 밖에도 내지 말고 오직 덕을 세우는 데 소용되는 대로 선한 말을 하여 듣는 자들에게 은혜를 끼치게 하라"고 거듭 강조하고 있다.

따라서 우리는 말 한마디를 하더라도 여러 번 생각해서 꼭 할 말만 하되, 다른 사람에게 상처 되는 말이나 다른 사람이 들어서 기분 나쁜 말, 자신의 인격을 낮추는 말 등은 삼가야 할 것이다.

크리스천 치유목회연구원장 정태기 박사는 한 사람이 인생을 얼마나 위대하게 살았느냐 하는 것은 그 사람이 지금까지 살아오면서 들어 온 말과 밀접한 관계가 있다고 한다. 위대한 생을 살아온 사람은 그의 생을 위대하게 만들 수 있는 능력의 말을 들어 온 사람임에 틀림없다. 반대로 인생을 파괴적으로 살아온 사람이 있다면 그는 지금까지 살아오면서 그의 삶을 파괴시킬 수밖에 없는 파괴적인 말을 들어왔음에 분명하다. 한 쌍의 부부가 얼마나 아름다운 삶을 사는가도 그들이 어떤 말을 주고받는가와 밀접한 관계가 있다고 말한다.

정태기 박사는 자신이 연구한 두 가문을 소개한다.

미국의 스미스 가문과 에드워드 가문인데 이 두 가문은 같은 시대, 같은 조건으로 시작된 가문이다. 스미스 가문은 7대 후손에 이르기까지의 후손들 가운데서 109명이 사형수로 교수대의 이슬로 사라졌고, 후손의 20%가 정신 장애에 시달렸으며 사소한 범죄와 문제를 일으킨 사람은 헤아릴 수 없을 정도였다.

반면에, 에드워드 가문은 7대 후손에 이르기까지 부통령, 주지사 3명, 대도시 시장 3명, 대학교 총장 13명, 변호사 139명, 판사 33명, 정부 고급 관리 82명, 의사 68명, 교수 66명, 목사 89명이 배출되었다고 한다.

위와 같은 결과는 도대체 어디에 원인이 있는 것일까? 훌륭한 가문을 이룩한 원인은 바로 부부의 금슬이 좋았다는 것이다. 부부의 금슬을 좋게 만드는 것은 부부가 날마다 주고받는 말이다. 말에는 생명력이 있다. 그러나, 어떤 말은 생명의 씨앗이 되는 반면, 어떤 말은 사망의 씨앗이 되기도 한다. 사람의 입에서 나간 말은 열매를 맺을 때까지 취소가 되지 않는다. 말은 우리의 삶을 지배하는 것이다. 말 한 번 잘못하게 되면 조그만 담뱃불 하나가 큰 산을 태우듯이 자신의 일평생에 쌓아 놓은 명예를 한순간에 불태워 버릴 수도 있는 것이다.

항상 긍정적인 말을 하는 부부는 아무리 어려워도 그 고난을 극복할 수 있는 힘을 가지고 있다. 그러나 부정적인 말을 많이 하는 부부는 조그마한 어려움도 극복해 낼 수 있는 힘이 없다. 더군다나 부모 슬하에서 평소 부모의 언어 습관을 보고 자라난 자녀들 또한 부모의 언어 습관과 같은 언어생활을 하게 된다. 왜냐하면 자녀들은 부모들로부터 배우고 듣고 학습되었던 말들을 사용하기 때문이다. 항상 긍정적인 말을 하는 부모 슬하에서 자라난 자녀들은 항상 긍정적인 언어생활을 하는 반면, 날마다 부정적인 말만 하는 부모 슬하에서 자라난 자녀들은 언제나 부정적인 언어생활을 하는 것을 주위에서 많이 볼 수 있다.

위 연구 결과를 참고하여 독자 여러분들은 가정에서 부부의 언어생활 때문에 자녀들에 부정적인 영향을 끼칠 것인가? 아니면 긍정적인 언어생활을 통해 자녀들에게 긍정적인 영향을 끼쳐서 가정이 화목하고, 일평생이 복된 삶을 누릴 것인가?

선택은 독자 여러분들의 몫일 것이다.

1) 가정생활에서 생명의 언어를 사용하는 방법

생명의 언어란 사람을 변화시키며 치유시키는 언어를 말한다. 긍정적이고, 적극적이고, 창조적인 말을 해야 한다. 잔소리를 해서는 변화가 일어나지 않는다. 우리는 가정에서 부부끼리, 자녀들에게 생명을 펴 주는 언어를 자신의 입술로 해야 한다.

(1) 말의 중요성을 깨닫는다

엎질러진 물과 같이 내 입에서 나온 말은 다시 되돌릴 수도 없고, 다시 주워 담을 수도 없는 것이다. 죽고 사는 것이 입에 달려 있으며 현재의 나는 언젠가 내가 한 말의 열매를 지금 따먹고 산다는 것을 깊게 인식해야 할 것이다.

(2) 부정적인 생각과 말을 하지 않도록 훈련해야 한다

대신 긍정적이고 적극적이며, 격려, 칭찬하는 말을 많이 해야 한다. 우리는 어릴 때 자라면서 알게 모르게 하루에 약 430번의 부정적인 말을 듣고 자랐다. 보편적으로 자주 쓰는 말, "안 된다, 죽겠다, 불경기다, 장사가 안 된다, 아, 지겨워! 아, 피곤해" 같은 말을 하지 않는 것이 아주 좋은 방법이다. 사람은 잔소리나 바가지를 통해서 변화되지 않는다. 또한 고매한 철학이나 사상을 통해서도 변하지 않는다. 이런 말을 함으로서 이익이 될 사람은 한 사람도 없다. 아이들을 키우면서 "아이 지겨워", "너는 어찌 그리도 못났냐?", "병신 같은 자식", "너는 어찌 그리도 잘 짜냐?"라고 말하면 머지않아 그런 인물이 되어 부모에게 나타날 것이다.

"우리 자녀들은 우리 부부가 말로 심어 자라게 한 열매인 것이다"

(3) 생명의 언어를 입으로 시인하고 믿음으로 고백해야 한다

"믿기만 한다고 다 내 것이 되고 자동적으로 이루어지는 것이 아닙니다. 믿음과 함께 입으로 말하는 것을 겸해야 합니다. 입술에서 나오는 말이 생산될 때 그것을 내가 소유하게 됩니다. 나는 믿고, 말씀대로 말을 하겠습니다. 그러므로 내 말을 통해서 부유하게 되고 성공적인 삶을 삽니다"라고 고백하라.

2) 이해인 님의 「말을 위한 기도」

말을 위한 기도

이해인

내가 이 세상에 태어나
수없이 뿌려 놓은 말의 씨들이
어디서 어떻게 열매를 맺었을까
조용히 헤아려 볼 때가 있습니다

무심코 뿌린 말의 씨라도
그 어디선가 뿌리를 내렸을지 모른다고 생각하면
왠지 두렵습니다

더러는 허공으로 사라지고

더러는 다른 이의 가슴 속에서

좋은 열매를 또는 언짢은 열매를 맺기도 했을

언어의 나무

주여

내가 지닌 언어의 나무에도

멀고 가까운 이웃들이 주고 간

크고 작은 말의 열매들이

주렁주렁 달려 있습니다

둥근 것 모난 것

밝은 것 어두운 것

향기로운 것 반짝이는 것

그 주인의 얼굴은 잊었어도

말은 죽지 않고 살아서

나와 함께 머뭅니다

살아 있는 동안 내가 할 말은

참 많은 것도 같고 적은 것도 같고

그러나 말이 없이는

단 하루도 살 수 없는 세상살이

매일매일 돌처럼 차고 단단한 결심을 해도
슬기로운 말의 주인 되기는
얼마나 어려운지

날마다 내가 말을 하고 살도록
허락하신 주여
하나의 말을 잘 탄생시키기 위하여
먼저 잘 침묵하는 지혜를 깨치게 하소서

헤프지 않으면서 풍부하고
경박하지 않으면서 유쾌하고
과장하지 않으면서 품위 있는
한 마디의 말을 위해
때로는 진통 겪는 어둠의 순간을
이겨 내게 하소서

참으로 아름다운 언어의 집을 짓기 위해
언제나 기도하는 마음으로
도(道)를 닦는 마음으로 말을 하게 하소서

언제나 진실하고

언제나 때에 맞고

언제나 책임 있는 말을

갈고닦게 하소서

내가 이웃에게 말을 할 때에는

하찮은 농담이라도

함부로 지껄이지 않게 도와주시어

좀 더 겸허하고

좀 더 인내롭고

좀 더 분별 있는

사랑의 말을 하게 하소서

내가 어려서부터 말로 저지른 모든 잘못

특히 사랑을 거스른 비방과 오해의 말들을

경솔한 속단과 편견과

위선의 말들을 주여 용서하소서

나날이 새로운 마음, 깨어 있는 마음

그리고 감사한 마음으로

내 언어의 집을 짓게 하시어

해처럼 환히 빛나는 삶을

당신의 은총 속에 이어가게 하소서

3) 말에 대한 조언

부주의한 말 한 마디가 싸움의 불씨가 되고,
잔인한 말 한 마디가 삶을 파괴합니다.
쓰디쓴 말 한 마디가 증오의 씨를 뿌리고,
무례한 말 한 마디가 사랑의 불을 끕니다.
은혜스러운 말 한 마디가 길을 평탄케 하고,
때에 맞는 말 한마디가 긴장을 풀어 주고,
사랑의 말 한마디가 병을 낫게 하고 힘을 얻게 합니다.

4) 입술을 타고 축복이 들어온다

- 하늘의 별을 바라보세요.
- 감사합니다.
- 좋아 보이네요.
- 보고 싶었습니다.

- 인상이 좋으시군요.
- 소식 기다렸어요.
- 언제 뵈어도 한결같으시군요.
- 목소리만 들어도 누군지 알겠어요.
- 수고하셨어요.
- 역시 당신이 최고예요.
- 잘 참으셨어요.
- 손이 참 예쁘시군요.
- 그 옷 잘 어울리네요.
- 잘 되시지요?
- 당신과 악수하면 힘이 생깁니다.
- 분위기가 좋군요.
- 좋은 음악이에요.
- 벽지 참 잘 고르셨네요.
- 넥타이가 잘 어울려요.
- 건강해 보이시네요.
- 이 정도면 넉넉합니다.
- 또 오고 싶은 가게로군요.
- 사랑합니다.
- 참 아름답지요.
- 말씀 감사합니다.

- 저분 참 좋은 분이에요.
- 어쩜 이렇게 탐스러울까.
- 그래도 전 믿을 수 있어요.
- 넌 참 좋은 아이야.
- 생각날 거예요.
- 어쩐지 오실 것 같았어요.
- 사진보다 실물이 더 예쁘시군요.
- 언제 그렇게 익숙해지셨어요?
- 운전 참 잘하시네요.
- 참 잘 꾸미셨군요.
- 참 좋은 생각이에요.
- 이 집에 오면 맘이 참 편해요.
- 걸음걸이가 참 예쁘군요.
- 좋은 시간 가졌습니다.
- 덕분에 잘 지냅니다.
- 주신 선물 잘 쓰고 있습니다.
- 저 친구 역시 믿을 만해.

5) 약이 되는 말들

- 제 잘못입니다.
- 제가 하겠습니다.
- 최선을 다하겠습니다.
- 잊지 않겠습니다.
- 그렇게 하겠습니다.
- 그 생각이 더 옳은 것 같습니다.
- 그 용기 대단하군요.
- 기도하겠습니다.
- 저분 잘되어야 할 텐데….
- 실망하지 않습니다.
- 끝까지 해 보겠습니다.
- 저분은 가슴이 따뜻한 분이에요.
- 저분은 믿을 수 있는 분이에요.
- 큰 그릇이란 저분 같은 분을 두고 하는 말일 거예요.
- 제가 양보하겠습니다.
- 저는 젊은데요, 뭘.
- 고생이라니 뭘요. 더 어려운 분들도 많은데요.
- 좋은 날이 오겠지요.
- 아무래도 형이 저보단 낫지요.

- 당신의 도움이 없었다면 성공하지 못했을 거예요.

- 그래, 네 말이 맞아.

- 와, 대단하군요.

- 잘 결정하셨어요.

- 역시 생각이 깊으시군요.

- 마땅히 제가 할 일인데요, 뭘.

- 글씨가 예쁘군요.

- 제가 부족해서 그렇습니다.

- 미처 깨닫지 못했습니다.

- 가르쳐 주셔서 감사합니다.

- 곧 가겠습니다.

- 참 꾸준하시군요.

- 그렇습니다.

- 내가 당신 못 만났으면 어떻게 됐을까?

- 늘 감사하며 삽니다.

- 아름다운 추억을 안고 삽니다.

- 그때만 생각하면 웃음이 납니다.

- 그때 그분 지금은 무얼 하고 계실까?

- 웃으며 삽시다.

- 제 고향은 참 좋은 곳이에요.

- 곧 나오실 것 같아요.

- 훌륭한 부모님 밑에서 자랐습니다.
- 그 선생님 얼굴이 지금도 생생합니다.

6) 절망을 소망으로 이끄는 말들

- 언제나 웃음을 잃지 않으시는군요.
- 베풀어 주신 호의를 잊지 않고 있습니다.
- 그 말씀 늘 마음에 새기고 있습니다.
- 제게 주신 은혜에 만족합니다.
- 언제나 새로워 보이시네요.
- 언제나 솔선수범하시는 것을 보면 은혜가 됩니다.
- 용서하세요.
- 은혜 받았습니다.
- 저 때문에 고생 많으셨지요?
- 결심이 대단하시군요.
- 이 경기는 너 때문에 이긴 것 같아.
- 네가 같이 가 주면 훨씬 더 즐거울 거야.
- 나는 네가 자랑스럽단다.
- 너는 우리에게 귀중한 존재야.
- 네 노랫소리는 언제나 아름답구나.

- 이 음식점은 언제나 최고예요.
- 고생하신 보람이 있으시겠어요.
- 나는 너를 생각하면 기분이 좋단다.
- 그 머리 어디서 했어요? 참 좋군요.
- 참 부지런하시네요.
- 집이 먼데 일찍 오셨네요.
- 그 의견에 동감입니다.
- 힘내세요.
- 써 보니 참 좋군요.
- 참 기발한 착상입니다.
- 기억하겠습니다.
- 소개해 주셔서 감사합니다.
- 저는 당신의 도움이 필요합니다.
- 눈썰미가 있으시군요.
- 두 분 참 어울리는 부부이시군요.
- 자제분이 참 믿음직스럽습니다.
- 우리나라 참 복 많이 받은 나라입니다.
- 우리에겐 내일이 있습니다.
- 분위기에 잘 맞는 옷을 입으셨군요.
- 연주회 참 감동적이었습니다.
- 걱정하지 마세요. 해 낼 수 있어요.

- 선물이 마음에 꼭 들어요.
- 제 마음을 어떻게 그리 아셨어요?
- 좋은 계절에 태어나셨군요.
- 감각이 뛰어나시네요.
- 좋은 취미를 갖고 계시네요.
- 꼭 재기하시리라 믿습니다.
- 용기를 잃지 마세요.
- 그럴 수 있겠지요.
- 그럴수록 더 힘을 내셔야지요.
- 기회는 또 있으니 상심 마세요.

7) 입술의 열매는 참으로 크다

- 내일이 있잖아요.
- 꼭 그날이 올 거예요.
- 저 별을 보세요. 우리를 보고 웃고 있잖아요.
- 참 겸소하시네요.
- 비가 참 시원하게 쏟아지네요.
- 좋은 계획 세우셨어요?
- 새 구두 신고 오셨네요.

- 좋은 일 있으신가 봐요.
- 한 번 더 도전해 보세요.
- 당신과 마주 앉으면 편안해요.
- 위를 바라보세요.
- 억지로라도 해 보세요.
- 좋은 약은 입에 쓰잖아요.
- 몰라보게 날씬해지셨군요.
- 새소리가 아름답군요.
- 구름이 하늘에 그림을 그리고 있어요.
- 천둥이 저도 무섭지 않아요.
- 꽃잎에 맺힌 이슬이 진주 같아요.
- 팔베개를 하고 하늘을 쳐다보세요.
- 생각이 깊으시군요.
- 어머! 첫눈이에요.
- 알뜰하시기도 해라.
- 항상 사진이 예쁘게 나오시네요.
- 언제 이렇게 준비하셨어요?
- 아이디어 뱅크이시군요.
- 늘 자신감이 넘치신 모습을 보며 힘을 얻습니다.
- 당신 차에 타면 마음이 편안해요.
- 너를 친구로 사귀게 된 것이 자랑스럽다.

- 그럴 만한 사정이 있었겠지.
- 참 고마우신 분이야.
- 또 오고 싶은 곳이지요?
- 상쾌한 아침입니다.
- 저녁노을이 참 아름답군요.
- 뭉게구름을 보고 있노라면….
- 꼭 맞춤 같아요.
- 한복이 잘 어울리네요.
- 기쁨을 찾아보세요. 가까이에 있을 것입니다.
- 저분은 숨은 일꾼이에요.
- 그 용기에 감탄했습니다.
- 기대하세요.
- 어서 오세요.
- 얼마 안 남았으니 힘내세요.
- 최후의 승자가 되세요.
- 내년이 기대됩니다.

8) 독이 되는 말들

- 뭐 좋은 거 있겠어요? 그날이 그날이지.

- 글쎄요….

- 그럴 리가 있겠어요?

- 믿기 어려운데요.

- 흥, 그러면 그렇지.

- 제 버릇 남 주나.

- 이젠 지쳤어요.

- 어째 꼬락서니가 그 모양이니.

- 집구석 잘 돼 간다.

- 꼴좋다.

- 내 그럴 줄 알았다.

- 네 주제에 뭘 한다고.

- 내 손에 장을 지지겠다.

- 유치하게시리.

- 넌 맨날 왜 그 모양이니?

- 내 말이 틀리면 내가 성을 갈지.

- 네가 뭘 하겠냐?

- 널 믿느니 차라리….

- 뭐 되는 게 있어야지.

- 죽지 못해 삽니다.

- 답답합니다.

- 바람 잘 날 있겠어요?

- 차라리 죽는 게 낫겠다.

- 뭐 이까짓 걸 준다고 오라고 했나?

- 별수 있겠어요?

- 쳇, 이것도 선물이라고.

- 또 잔소리군.

- 자신 없습니다.

- 걔가 네 말 하더라.

- 실망했습니다.

- 그 말 두 번만 더 들으면 백 번째입니다.

- 다 그런데요, 뭐.

- 딱 한 번인데, 뭘.

- 세월이 좀먹나?

- 어차피 버린 몸.

- 죽으면 썩을 몸인데 먹고 놀자.

- 돌고 도는 세상 아닌가?

- 한 번만 봐 주세요.

- 오늘만 쉬고 내일부터 해야지.

- 너만 잘한다고 별 수 있나?

- 오늘만 날이냐?

- 내가 할 짓 없어서 이 짓 하는 줄 아슈?

- 너 같은 놈 때문에 세상이 안 되는 거야.

- 돼지같이 처먹기만 하고….
- 살맛 안 납니다.

9) 입술에 파수꾼을 세우자

- 일찌감치 때려 치워라.
- 저 같은 게 뭐 하겠습니까?
- 내 말대로만 해.
- 적당히 둘러대.
- 어디 두고 보자.
- 그래 잘들 논다. 어떻게 되나 보자.
- 그러면 그렇지. 제까짓 게 뭘 한다고.
- 다음에 하지요.
- 시간이 없어서요.
- 별수 있나요?
- 다 그렇고 그런 거 아닙니까?
- 별것 아닌 것 가지고 유세 떨기는.
- 이것도 글이라고 썼냐?
- 발로 그려도 이만큼은 그리겠다.
- 언제부터 했는데 여태 이 모양이냐?

- 대충대충 때우고 말아.

- 할 수 없으니 어쩔 수 없이 하겠지.

- 당신은 왜 늘 그 모양이오?

- 아이고, 죽겠다.

- 아이고, 내 팔자야.

- 어쩌다 당신 같은 사람 만나 이 꼴이람?

- 어이구, 저 무능함이란.

- 그 실력 가지고 어딜 가려고 그러냐?

- 그걸 그냥 둬? 엎어 버리지.

- 이판사판이야. 막 나가는 거야.

- 내가 누군데….

- 그때만 생각하면 지긋지긋해.

- 만나기만 해 봐라.

- 우리 부모 나한테 뭐 해준 게 있다고.

- 내 일 하기도 바쁜데.

- 지가 뭔데, 안 나서는 데가 없구먼.

- 너만 실수 안 했으면 이길 수 있었는데.

- 같이 가려면 가고, 싫으면 때려치워.

- 이 음식점 날 샜구먼.

- 할 일 없는데 잠이나 자지 뭐.

- 될 대로 되라지.

- 고생해 봐야 뭐 낙이 있습니까?
- 자식 키워 봐야 뭐 합니까?
- 이놈의 나라 다 썩었어.
- 복수하고야 말아야지.

10) 자나 깨나 말조심

- 죽으라고 일해 봐야 다 남 좋은 일 시키는데, 뭘.
- 언제 또 보겠냐? 바가지 씌워야지.
- 어디 한탕 할 데 없을까?
- 5분만 더 잘게요.
- 친구들 다 그래요.
- 쟤가 먼저 그랬어요.
- 너 같은 건 필요 없어.
- 어쩔 수 없었어요.
- 그래봐야 별 수 있겠어요?
- 내가 고집이 있지. 절대 사과 안 한다.
- 출신 성분이 의심스럽구먼.
- 쟤가 같이 가면 나는 안 가련다.
- 너만 고생했냐?

- 역시 짐작했던 대로야.
- 그 얼굴에 화장한다고 별수 있냐?
- 그 실력 가지고 붙은 걸 보면 뭔가 수상해.
- 네가 나한테 그럴 수 있냐?
- 하는 걸 보니 뻔할 뻔자군.
- 이런 걸 눈 뜨고 골라 왔니?
- 자식 보니까 부모도 뻔하겠군.
- 빌어먹기 꼭 좋겠다.
- 눈꼴사나워 못 봐 주겠네.
- 앓느니 죽고 말지.
- 이젠 우리 끝장이야.
- 어휴, 또 비야?
- 왜 나만 자꾸 시켜요.
- 너 땜에 내가 못 살아.
- 너 죽고 나 죽자.
- 이젠 더 이상 못 참겠어요.
- 이제 우리 갈라섭시다.
- 저 아이 때문에 우린 불행해요.
- 이젠 가망이 없어요.
- 나 같은 가난뱅이가 뭐 할 게 있겠어요.
- 개 팔자가 내 팔자보다 낫지.

- 내가 누군데 그런 궂은일을 해?
- 돈이면 안 되는 게 있나.
- 시간이 좀먹냐?
- 너는 손이 없니, 발이 없니?
- 뭣 하러 그런 힘든 일을 사서 하니?
- 그렇게 힘들어한다고 누가 알아 주냐?
- 보는 사람 없는데 적당히 해.
- 내일 또 하면 되는데 왜 이리 서두르니.
- 뼈 빠지게 해 봐야 남 좋은 일 시키는데, 뭘.
- 어디 골탕 한 번 먹어 봐라.

11) 입술에 독이 되는 말들

- 내 것 아닌데 막 써 버려.
- 누군 복권 당첨됐다는데.
- 빽 없는 놈 어디 해 먹을 일 있겠냐?
- 창피하게 어떻게 그런 일을 해.
- 누군 부모 잘 만나서 호강하는데.
- 다시 내려올 산을 뭣 하러 힘들게 올라가냐?
- 못 먹을 감 찔러나 보지.

- 어차피 네 것은 안 될 텐데 그걸 그냥 둬?
- 내 돈 안 나가는데 팍팍 쓰지 뭐.
- 줄만 잘 서면 되는 거야.
- 밑천이 있어야 돈을 벌지.
- 언제 또 보겠다고… 잘해 줄 것 있냐?
- 돈 벌면 그때 가서 남을 도와야지.
- 또 딸이야?
- 늙으니 아무 할 일이 없구먼.
- 적당히 시간만 때워.
- 너 하나 그런다고 달라질 것 같냐?
- 친구가 하라고 해서 한 거예요.
- 이것도 밥상이라고 차려 왔냐?
- 장난삼아 해 본 일인데요, 뭘.
- 또 어질러질 텐데 뭐 하러 치워요?
- 다 엎질러진 물이야.
- 내가 부잣집 아들로만 태어났더라면….
- 에이, 전쟁이나 터져서 다 죽어 버렸으면 좋겠다.
- 그 몸에 비싼 옷 걸친다고 누가 쳐다본대?
- 젊을 때 안 놀면 언제 노냐?
- 고리타분한 어른들 말 듣지 마.
- 살면 얼마나 더 살았다고 훈계는….

- 또 설교 시작이군.
- 있을 때 쓰고 보는 거야.
- 아무래도 나만 따돌리는 것 같아.
- 나도 할 만큼은 했어요.
- 사람을 짐짝으로 아나? 그만 태우시오.
- 양보하는 놈만 바보 되는 거야.
- 너한테만 알려 주는 비밀이야.
- 재수 없는 한 해였어.

03

항상 기뻐하라

데살로니가전서 5장 16~18절에는 “항상 기뻐하라. 쉬지 말고 기도하라. 범사에 감사하라. 이는 그리스도 예수 안에서 너희를 향하신 하나님의 뜻이니라”고 기록되어 있다.

우리 인간을 창조하신 하나님은 우리 인생들에게 항상 기뻐하라고 명령하신다. 우리가 하나님의 자녀이기 때문에 아버지인 하나님의 항상 기뻐하라는 말씀을 잘 따르는 것이 자녀로서 마땅히 행할 바요, 효도하는 길이다. 불효자는 부모의 말씀을 잘 따르지 아니하는 자이다. 우리가 하나님 아버지께서 명령하신 말씀을 잘 따르지 않는다면 하나님께 대해 불효를 행하는 것이다.

그리고, 항상 기뻐하면 체내에서 엔도르핀이 생성되어 신체가 건강해진다. 이런 인체의 비밀을 잘 알고 계시는 창조주 하나님은 우리 인생들에게 항상 기뻐하라고 명령하신 것이다.

하박국 3장 17~18절에는 “비록 무화과나무가 무성치 못하며 포도나무에 열매가 없으며 감람나무에 소출이 없으며 밭에 식물이 없으며 우리에 양이 없으며 외양간에 소가 없을지라도 나는 여호와를 인하여 즐거워하며 나의 구원의 하나님을 인하여 기뻐하리로다”라고 기록되어 있다.

독자 여러분들도 비록 무엇 무엇이 없을지라도 항상 기뻐하고 즐거워하여 건강한 삶을 살면서 하나님의 아버지의 뜻을 이루어드리는 효자가 되시기 바란다.

04

모든 일에 감사하라

저자는 가난한 농부의 12자녀 중 막내아들로 태어났다. 집안이 가난하다 보니 제대로 먹지 못해 자라면서 자녀 중 반이나 되는 6명은 세상을 일찍 떠났고, 저자를 포함한 4남 2녀만이 장성하여 사회 각층에서 나름대로 자신의 일을 잘 감당해 가고 있다.

어린 시절 집안이 가난하였던 관계로 초등학교 때부터 신문배달과 찹쌀떡 장사를 하면서 유년시절을 보냈고, 중학교 시절에는 돈이 없어 중학교를 진학할 수 없는 지경이 되었는데 마침 시골 중학교 교장 선생님께서 운영하시던 양계장에서 수천 마리의 닭들을 치는 조건으로 중학교 공부를 할 수 있는 길이 열렸다. 그것도 학비의 2배 정도를 벌어서 부모님께도 돈을 조금 드리면서 말이다. 그래서 저자는 수업 시간 몇 시간을 제외한 아침 시간과 점심 시간 및 오후에 하교를 해서 밤늦게까지 닭장에서 일을 하면서 틈틈이 공부를 하였다.

그런데 닭장에서 일을 한 뒤 학교에 가서 공부를 하다 보니 자연히 저자의 신발에는 닭똥이 묻어 있었고, 그로 인해 저자의 몸에서 닭똥 냄새가 나자 친구들이 닭똥 냄새가 난다며 저자를 곁에 오지 못하게 하였다. 당시에는 어린 마음에 그런 친구들이 야속하고 창피하여 닭장에서 일하는 것이 한없이 부끄럽게 느껴졌지만 한편으로는 그래도 이 닭장에서 일을 할 수 있어서 그나마 중학교 공부를 계속할 수 있음에 감사했던 기억이 새롭다.

우리의 삶에 있어서 감사할 제목들을 찾으면 수도 없이 많음에도 감사의 제목을 찾기보다는 걸핏하면 불평하고 불만을 토로하기가 일쑤다. 우리 인생의 부모들도 자녀들을 키울 때 자녀들이 조그만 일에도 감사할 줄 모르고 매일같이 투덜거리면 아무리 귀여운 자식이라도 짜증나는 법. 감사는 마음먹기에 달렸고, 습관이라고 생각한다.

우리의 출생 때로 거슬러 올라가 보자. 우리의 출생은 그야말로 기적 중의 기적이 아니던가. 이 세상의 어떤 경쟁률이 이보다 더 치열할 수 있단 말인가. 적게는 2억 5천만분의 1의 경쟁률, 많게는 5억분의 1의 경쟁을 뚫고 이 땅에 태어난 저자와 여러분이 아닌가. 이런 이유 하나만으로도 감사할 수 있지 않은가?

어디 그뿐이랴? 우리가 살아가면서 얼마나 많은 사고의 위험과 질병의 위험에 노출되어 있는가? 도로에만 나서면 쏜살같이 질주하는 자동차들 사이에서도 하루에도 수많은 사람들이 사고로 목숨을 잃기도 하고, 사고로 병원에 실려 가기도 하며, 원치 않게 장애인이 되기도 하고, 언제나 위험에 노출되어 있는 현실에서 오늘 하루도 건강한 모습으로 살아 있음에 감사하여야 할 것이다. 아니, 조그만 사고에 오히려 감사해야 하지 않을까?

신바람 건강 박사 황수관 박사가 강연 도중에 한 이야기가 생각이 난다. 오른쪽 팔이 하나 없는 장애인이 자신의 처지를 비관하며 이처럼 장애인으로 남은 평생을 살아가느니 차라리 죽어 버리자고 생각하고 자살을 하기 위해 옥상엘 올라갔단다. 그런데 자살을 하려고 막 준비를 하려는 순간 건너편 옥상에 양 팔이 하나도 없는 장애인 한 명이 옥상에서 만면에 웃음을 띠고 온몸을 흔들며 춤을 신나게 추고 있는 것이 아닌가?

자살을 하려고 하였던 팔이 하나 없는 장애인이 '나는 지금 팔이 하나 없어 자살을 하려고 하는데 양팔이 두 개 다 없는 장애인이 무엇이 저리 좋아서 만면에 웃음을 띠고 온몸을 흔들며 춤을 추고 있을까?' 하도 궁금하여 자살은 물어보고 난 뒤에 하기로 마음을 먹고 건너편에서 춤을 추고 있는 양팔이 하나도 없는 장애인에게 물어보았단다.

"당신! 내가 보기엔 두 팔이 다 없는 장애인인데 무엇이 그리 즐거워서 만면에 웃음을 띠고 몸을 흔들며 춤을 추고 있습니까?"

그런데 건너편 옥상에서 들려온 대답에 한쪽 팔이 없는 장애인은 자살할 생각을 당장 그만두었단다. 양팔이 다 없는 장애인이 하는 말은 이랬다.

"여보슈, 지금 나는 항문이 가려워 죽겠는데 항문을 긁을 손이 없어 이렇게 온몸을 비틀고 있다오."

그랬다. 양팔이 다 없는 장애인은 자신의 항문이 가려워도 양팔이 없기 때문에 긁을 수가 없었던 관계로 하는 수 없이 옥상으로 올라와 고통스러워 얼굴을 찡그리고 온몸을 비비 꼬며 가려움증을 조금이라도 해소해 보려고 안간힘을 썼던 것인데 이런 사정을 모르는 한쪽 팔이 없는 장애인은 그 모습이 마치 만면에 웃음을 띠고 즐거워서 온몸을 흔들며 춤을 추는 것 같이 보였던 것이었다.

그 순간 한쪽 팔이 없던 장애인은 자신의 한쪽 손을 항문으로 가져다가 항문을 긁어 보았다. 다행이었다. 자신은 항문이 가려울 때 긁을 수 있는 한쪽 팔이라도 있는 것이 얼마나 감사하게 생각되었는지. 그 후로는 어렵고 힘이 들 때마다 온몸을 꼬며 춤을 추던 그 장애인을 생각하며 한쪽 팔이라도 남아 있는 것이 얼마나 감사한지 날마다 감사하며 잘 살았다고 한다.

그렇다. 우리가 감사할 제목을 찾는다면 끝이 없을 것이다. 이제 생각을 바꾸자. 불평, 불만거리를 찾을 것이 아니라 감사할 제목들을 찾아보자. 천문학적인 경쟁률을 뚫고 내가 이 세상에 태어난 사실에 감사. 지금도 살아서 숨 쉴 수 있음에 감사. 나를 이 세상에 태어날 수 있도록 해 주신 부모님 주심을 감사. 이 세상에 하나밖에 없는 사랑하는 배우자를 허락하여 주심에 감사. 눈에 넣어도 아프지 않을 사랑스러운 자녀들을 선물로 주심에 감사. 따스한 가정 주심에 감사. 직장 주심에 감사. 가족들 모두 건강하심에 감사. 비록 사고가 났더라도 많이 다치지 않게 해 주심에 감사. 날마다 일용한 양식을 주심에 감사. 비록 내 명의로 등기된 집은 아닐지라도 눈과 비와 바람을 피할 수 있는 전셋집이나 월셋집이라도 주심에 감사. 비록 내 자녀가 수석은 하지 못한다 하더라도 씩씩하게 뛰어 놀며 건강하게 자라게 하여 주심에 감사. 오늘 하루도 무사히 집에 돌아와서 가족과 함께 저녁 식탁에 둘러 앉아 비록 진수성찬은 아닐지라도 행복한 저녁 식사를 대하게 하여 주심에 감사. 비록 넉넉한 살림은 아니라도 사랑하는 가족과 함께 단란한 시간을 보낼 수 있음에 감사.

저자는 과거에 두 눈을 이틀 간격으로 백내장 수술을 한 적이 있었다. 평소 두 눈을 가지고 있을 때에는 느끼지 못하였는데 한쪽 눈을 수술한 후 안대를 하고 이틀을 생활하면서 두 눈을 온전히 볼 수 있다는 사실에 새삼 감사한 마음을 느끼게 되었다. 한쪽 눈에 안대를 하였더니 거리 측정이 되지 않아 운전도 할 수가 없었고, 물체도 제대로 확인할 수 없었을 뿐만 아니라 물체를 제대로 집을 수도 없었다. 비록 이틀 동안의 짧은 시간이었지만 얼마나 불편한 점이 많았는지 모른다. 아무런 이상 없이 건강한 두 눈을 가지고 아름다운 이 세상을 마음껏 볼 수 있다는 사실에 항상 감사하며 살아야 되겠다는 생각을 뼈저리게 느낀 귀중한 기회였다.

이렇게 감사할 제목을 찾는다면 얼마나 많을까. 아마 이 책을 전부 감사할 제목을 기재하는 것으로도 모자랄 것이다. 범사(모든 일)에 감사할 제목을 찾아보라. 이렇게 많은 감사할 제목들이 있는데 불평하고 불만만 터뜨리며 살겠는가? 불평할 마음과 불만의 마음이 생길 때마다 감사한 제목들을 일일이 적어 보라. 불평하는 마음과 불만의 마음이 먼지가 바람에 날려 흔적도 없이 사라져 버리는 것처럼 곧 사라져 버리고 감사하는 마음이 생겨날 것이다.

삼중고의 고통 속에서도 기적과 감동의 삶을 살았던 헬렌 켈러를 기억하는가. 그녀는 사람들이 많은 것을 갖고도 감사하지 못하며 불평하는 모습을 보면서 이런 이야기를 했다고 한다. "나는 이 땅에 살고 있는 모든 사람들에게 할 수만 있다면, 이런 사흘을 주었으면 좋겠다. 하루는 나처럼 아무것도 볼 수 없는 시각 장애자로 살고, 또 하루는 아무것도 듣지 못하는 청각 장애자로 살고, 또 하루는 아무것도 말하지 못하는 벙어리로 살게 한다면 사람들은 감사의 의미를 알 것이다"라고 말이다.

헬렌 켈러는 자신의 자서전 『The Story of My Life』에서 "내가 단 한 번만이라도 저 무지개를 볼 수 있다면, 내가 단 한 번만이라도 저 떨어지는 낙엽의 아름다움을 목격할 수 있다면, 내가 단 한 번만이라도 이 산속에 흐르는 시냇물을 바라볼 수 있다면, 나에게 이 아름다운 가르침과 자상한 친절을 베푸시는 설리번 선생님의 그 아름다운 미소를 단 한 번만이라도 내 눈으로 볼 수 있다면, 내가 단 한 번만이라도 아름다운 음을 발하는 저 오케스트라와 저 악기를 연주하는 사람들을 내 눈으로 볼 수 있다면, 나에게 이 귀한 설교의 감동을 주었던 필립 브룩스 목사님의 그 얼굴을 단 한 번만이라도 볼 수 있다면, 그 메시지를 통해 내 삶을 바꾸었던 감동스러운 이 성경을 내가 단 한 번만이라도 내 눈으로 바라볼 수 있다면, 지는 석양을 단 한 번만이라도 내 눈으로 바라볼 수 있다면…"이라고 고백하였다.

사람에게 처한 환경은 말 그대로 환경일 뿐이다. 환경이 그 사람의 모든 것을 결정하지는 않는다. 때로는 너무 좋은 환경이 그 사람을 망치기도 하고, 너무 힘든 환경이 그 사람을 오히려 크게 만드는 귀한 약이 되기도 한다. 중요한 것은 그 환경을 바라보는 감사하는 눈이다. 감사의 눈으로 보면 이 세상은 통 감사할 제목뿐이다.

모든 일에 감사하면서 감사의 눈으로 이 세상을 보면 감사할 제목들이 날마다 더 많아질 것이다. 감사하면서 살아도 짧은 인생인데 불평, 불만하며 인생을 산다면 얼마나 억울하겠는가? 지금부터라도 생각을 바꾸자! 이제부터는 범사에 감사하며 살아가기를 다짐하자! 날마다 감사하며 행복한 삶을 누려야 하지 않겠는가?

05

장점만 보도록 하라

사람에게는 누구에게나 장점도 있지만 단점도 있기 마련이다. 그런데 상대방의 좋은 점을 볼 것인가, 나쁜 점만 볼 것인가는 자유이다. 그러나 어떤 점을 보느냐에 따라 그 결과는 엄청나게 차이가 난다. 사람들의 좋은 점만 볼 때는 참으로 훌륭한 사람일지라도 나쁜 점만 보기로 작정하면 참으로 몹쓸 인간들이 된다. 문제는 어떤 측면을 보기로 선택하느냐에 달려 있다. 역대에 참으로 위대한 인물들도 좋은 점과 나쁜 점들이 다 있을진대 내 남편, 내 아내가 완전하기를 바라는 것은 착각 중에서도 대단한 착각이 아닐 수 없다.

항상 멋있게만 보이는 이웃집 남자, 부부 금슬이 부러운 어느 부부도 멀리서 보기만 할 때는 좋은 점만 보이기 때문에 참으로 부럽고 존경할 만한 사람들이라 생각할지 모른다. 그러나 그 사람들이 바로 당신의 아내요, 남편이라면 또 얼마나 많은 단점들이 내 눈에 드러날지 모르는 일이다.

사람은 누구나 마찬가지다. 좋은 점도 있지만 나쁜 점도 다 가지고 있다. 훌륭한 점도 있지만 흉볼 일도 많은 법이다. 좋은 점만 보기로 작정하면 상당한 단점이 있는 사람도 참으로 '역시 내 남편이요, 나의 아내'가 될 것이지만 나쁜 점만 눈에 보이기 시작한다면 아무리 좋은 점이 많다한들 '몹쓸 사람' 되는 것은 순식간이 된다. (의식하든 못하든 간에) 좋게 보기로 마음속에 작정한 사람은 '저런 사람이라면…' 하고 쳐다볼지도 모른다. 그러나 한번 나쁘게 보기로 작정했다면, 아니 부정적 감정이 앞서는 사람이라면 아무리 좋은 일이나 말을 해도 '쓸데없는 소리'하고 무시해 버리기 일쑤다.

내 남편, 내 아내가 참으로 좋은 사람이다. 연애할 때는 참으로 좋은 점만 눈에 보여서 사랑도 하고 결국은 결혼한 것이 아닌가? 살다 보면 단점들이 많이 눈에 띄겠지만 그러나 좋은 점들에 비하면 아무것도 아닐 수 있다. 문제는 생각하기 나름이다.

자녀들도 마찬가지이다. 자녀들에게는 좋은 점도 있고, 나쁜 점도 있으며, 좋은 버릇도 있고, 나쁜 버릇도 있을 것이다. 그러나 부모들이 자녀들의 좋은 점을 찾아서 격려해 주고, 칭찬해 주기보다는 나쁜 점만 찾아내서 나무라고 야단친다면 자녀들은 자신이 가지고 있는 장점은 발휘해 보지도 못한 채 자신의 단점 때문에 '나는 어쩔 수 없어', '나는 안 돼'라고 생각하며 일생을 패배자로 살아

갈 것이다. 부모들이 자녀들의 장점을 찾아내고 발굴해서 세계적으로 위대한 인물을 만들 것인가? 아니면 자녀들의 단점만을 꼬집어 내어 일생을 실패자와 패배자로 살아가게 할 것인가? 그 결정은 부모들 여러분들의 결정에 따라 달라질 것이다.

배우자와 자녀들의 좋은 점을 볼 것인가, 나쁜 점만 골라서 볼 것인가? 행복과 불행은 바로 이곳에서부터 나눠지기 시작한다. 선택하라! 당신은 과연 어느 쪽인가?

06

서로 사랑하라

1) 사랑은 가정의 기초입니다

사랑은 생명이고, 희생이며, 평화이고, 감정이입입니다.

사랑은 인내이고, 용납이며, 지혜이고, 관심입니다.

사랑은 단결이고, 힘이며, 믿음이고, 용서입니다.

사랑은 행복이고, 겸손이며, 친절이고, 정열입니다.

사랑은 온유이고, 정의이며, 대화이고, 성숙입니다.

사랑은 영원합니다.

2) 아름다운 참사랑

아름다운 사랑은 상대가 사랑하기 전 먼저 사랑하는 것이요

아름다운 사랑은 상대가 거절할 때도

여전히 사랑하는 것이요

아름다운 사랑은 상대가 미워하여도
상대를 사랑하는 것이요
아름다운 사랑은 상대가 악하게 대하여도
상대를 선대하는 것이요

아름다운 사랑은 상대를 지배하려는 것이 아니요
상대에게 지배받는 것이요
아름다운 사랑은 상대를 붙잡는 것이 아니요
상대를 고이 보내 주는 것이요

아름다운 사랑은 상대를 정복하는 것이 아니요
상대에게 정복당해 주는 것이요
아름다운 사랑은 상대에게 요구하는 것이 아니요
상대에게 주는 것이요
아름다운 사랑은 상대에게 상처를 주는 것이 아니요
상대에게 상처를 입는 것이요
아름다운 사랑은 상대를 배신하는 것이 아니요
상대에게 배신당하는 것이요

아름다운 사랑은 떠나버린 상대를 위해
눈물로 축복해 주는 것이요

아름다운 사랑은 떠나버린 상대를 못 잊어
홀로 우는 것이요
아름다운 사랑은 떠나버린 상대를 못 잊어
통곡하는 것이요

아름다운 사랑은 떠났던 상대가 돌아와 줄 땐
지난날의 잘못을 다 용서해 주는 것이요
아름다운 사랑은 떠났던 상대가 돌아와 줄 땐
반가워 뛰어나가 영접하는 것이요
아름다운 사랑은 자신을 위해 살지 않고 오직
상대만을 위해 사는 것이요
아름다운 사랑은 상대를 위해 모든 것들
자기의 생명까지 내주는 것이 아름다운 사랑이라오.

4) 여보, 이거 숙제야!

뉴질랜드의 아버지 학교에서 있었던 일입니다. 수강생 중에 결혼한 지 23년이 된 중년 신사가 있었습니다. 아주 전통적인 가문에서 태어나 한국에서 교육을 받고, 결혼해서 자녀들을 낳고 살다가 몇 년 전에 뉴질랜드로 이민을 오신 분이었습니다. 그분은 23년 동안 한 번도 아내를 안아 준 적이 없었고, 사랑한다고 얘기한 적도 없는 분이었습니다. 그런 이야기를 하면 큰일 나는 줄 알았던 분이었습니다.

그런데 아버지 학교의 첫째 주 숙제가, '아내를 안아 주고, 사랑한다고 고백하기'였습니다. 큰 고민이었습니다. '머리털 나고 한 번도 해 본 적이 없는데, 그 짓을 어떻게 하나…' 그러나 "정말 변화하기 원한다면, 우리가 그동안 하던 대로 살아서는 절대 변화할 수 없다"는 이야기를 듣고 마음을 굳게 먹었습니다.

집에 돌아가니 아내가 마침 싱크대에서 설거지를 하고 있었습니다. 그래서 살며시 다가가서 엉거주춤 뒤로 안으며 "여보 사랑해!" 했습니다. 그랬더니 아내가 "아니, 여보. 이게 무슨 짓이에요? 갑자기 왜 이래요?" 하며 깜짝 놀라는 것이었습니다.

그때 그 남편이 "여보, 이거 숙제야" 했다는 것입니다. 그러나 아내는 싫어하는 내색이 아니었습니다. 다음 날, 그분은 아버지 학교를 마친 후, 반갑게 마중 나오는 아내를 힘껏 안으며, "여보, 이건 진짜야!" 하고 말했습니다. 그랬더니 아내가 눈물을 주르륵 흘리는 것이었습니다.

남편은 그 순간을 이렇게 회고합니다. "아내의 눈물을 보며, 나도 울었습니다. 난 그때 뭔가 인생을 잘못 살아왔다는 걸 깨달았습니다".

사랑은 표현하는 것입니다. 울리지 않는 종은 종이 아닙니다. "사랑합니다", "감사합니다", "미안합니다"라는 말은 사람을 사람답게 만드는 생명의 말입니다.

- 김성묵(아버지 학교 국제운동본부장)

5) 성숙한 사랑은

① 남에게 관심이 많습니다.
② 사람들을 잘 사귈 줄 압니다.
③ 자기를 그대로 용납합니다.
④ 남의 장점을 볼 줄 알고 기뻐합니다.
⑤ 남의 의견을 잘 듣고 존중합니다.
⑥ 남의 비평을 받아들입니다.
⑦ 어린이와 약자를 사랑합니다.
⑧ 여자를 존경합니다.
⑨ 협조하고 양보할 줄 압니다.

⑩ 겸손하고 예의를 지킵니다.

⑪ 감사할 줄 압니다.

⑫ 독립심이 강합니다.

⑬ 거저 얻으려고 하지 않습니다.

⑭ 줄 줄도 알고 받을 줄도 압니다.

⑮ 객관적으로 판단합니다.

⑯ 참고 기다릴 줄 압니다.

⑰ 비교적 시기심이 적습니다.

⑱ 주관이 강하나 남의 의견을 참고합니다.

⑲ 책임감이 강합니다.

⑳ 적응을 잘 합니다.

㉑ 현실 세계에 살고 있습니다.

㉒ 그 시대의 도덕률을 받아들입니다.

㉓ 성을 올바로 이해합니다.

㉔ 일을 미루지 않습니다.

㉕ 준비성이 강합니다.

㉖ 이성의 지도를 받습니다.

㉗ 감정을 억제합니다.

㉘ 물건을 소중히 여깁니다.

㉙ 편지 쓰는 습관을 가지고 있습니다.

㉚ 유머가 있습니다.

㉛ 여가를 즐깁니다.

㉜ 세계 정세에 관심을 가집니다.

㉝ 애국심이 있습니다.

㉞ 사람을 믿어 줍니다.

㉟ 시간관념이 있습니다.

㊱ 분수를 압니다.

㊲ 바른 말을 합니다.

㊳ 남에게 폐를 끼치지 않습니다.

㊴ 돈을 잘 사용합니다.

㊵ 자유를 올바르게 누릴 줄 압니다.

㊶ 낙관적이고 긍정적입니다.

07

서로 위로하라

부모는 부모대로 자녀들은 자녀들대로 각자가 처해진 환경과 형편에서 사회생활과 학교생활을 하다 보면 자신은 원치 않지만 바깥에서 찢기고 상한 마음을 가지고 가정에 돌아올 때도 많다. 밖에서 상한 마음을 안고 가정에 돌아왔을 때 부모나 자녀들 또는 배우자가 따뜻이 위로해 주고 포근히 감싸 안아줄 때 그 위로로 말미암아 찢기고 상한 마음은 봄눈 녹듯이 녹아 버릴 것이다. 이 세상 어디에서 진정 어린 따뜻한 위로로 새 힘을 얻을 데가 가정 외에 다른 곳이 있겠는가?

08

서로 용서하라

사람이 살다 보면 원하든 원치 아니하든 잘못을 저지를 때가 있기 마련이다. 그래서 한 번 실수는 병가지상사라고도 하지 않는가?

누구나 실수하고 잘못할 수 있다. 그러나 그 잘못을 끝까지 용서하지 않은 채 정죄하여 죄의식을 심어 주는 것은 잘못된 일이 아닐 수 없을 것이다.

잘못한 행위는 따끔하게 나무랄 일이지만 잘못의 경중을 따져서 용서할 일은 용서할 일이다. 우리가 어떤 잘못을 하였을 때 잘못한 사실은 누구보다도 자신이 더 잘 알지 않는가?

그리고, 그 잘못한 것을 용서받기를 얼마나 간절히 원하는가? 잘못한 행위로 인해 두려움에 떨다가 잘못을 용서받았을 때의 그 기분이 얼마나 고맙고 감사하던가? 그 용서의 주체가 타인이라도 그 고마움을 가슴속에 새길진대 그 용서를 가족의 일원으로부터 받았을 때의 감사함과 고마움은 이루 말로 표현하지 못할 정도로 감격스러울 것이다.

그렇다면 같은 잘못은 다시 저지르지 않을 것이다. 또한, 그 용서의 주체가 부모일 때엔 자녀들은 부모의 넉넉한 용서로 인하여 후일 자라나서도 넉넉하게 남의 잘못을 용서해 줄줄 아는 사람이 되지 않겠는가? 누구나 완벽한 사람은 없다. 실수하고 넘어지고 자빠지고 쓰러지는 우리들이 아닌가? 가족들의 허물과 잘못을 용서할 수 있는 따뜻한 마음을 가진 사람들이 살고 있는 가정에는 행복이 스며들 것이다.

그리고, 싸움과 다툼은 서로 간의 오해에서 비롯되는 경우가 상당히 많다. 더군다나 그 오해가 가족 구성원 개개인 간의 문제일 경우에는 더 심각할 수 있다. 왜냐하면 가족이 아닌 외부인일 경우에는 오해가 있더라도 자주 접하지 않기 때문에 크게 상처를 받지 않을 수도 있는 '나와 그들' 간의 문제이지만, 가족 구성원인 경우에는 오해가 발생하면 '나와 우리' 또는 '우리와 우리'의 문제이므로 더욱 더 고통스럽고 힘들 수가 있는 것이다. 한 개인이 가족 구성원으로부터 멀어지기란 쉽지 않으며 친밀했을수록 상처는 더 크게 작용할 수 있는 것이다. 왜냐하면 가족 구성원 개개인은 눈만 뜨면 마주하게 되고, 같이 생활하는 생활 공동체라는 특수한 관계이다 보니 가족 구성원 개개인 간의 오해는 심각한 문제가 발생할 수 있다.

따라서, 가족 구성원들은 오해가 발생할 때에는 즉시 그 오해를 풀고 빠른 시간에 이해하며 화해해야 할 것이다. 오해가 깊어지면 질수록 그 상처의 골은 더욱 깊어져서 끝내는 막다른 선택을 할 수도 있게 되는 것이다. 가족끼리는 오해하지 말아야 할 일이지만, 가족이라도 함께 생활하다 보면 오해할 일이 생길 수도 있다. 그러나 오해가 생기면 그 오해한 부분을 즉시 대화를 통해 오해한 부분을 이해하고, 서로 용서하고, 서로 화해하라.

09
서로 접촉하라

현대는 접촉결핍증의 시대라고 해도 지나친 말은 아닐 것이다. 아울러 정신적 굶주림의 시대라고도 할 수 있다.

대화의 굶주림!

접촉의 굶주림!

성적 굶주림!

굶주림의 시대라 아니할 수 없다.

그렇다면 접촉이 왜 중요한가?

접촉은 인간의 오감 중 가장 중요한 감각이다. 인간은 약 106개의 화학 원소로 만들어져 있는데, 피부 접촉을 하게 되면 뇌에 자극을 주어서 뇌 속에 있는 화학 요소의 생산을 자극하는데 큰 몫을 한다. 그런데 반대로 피부 접촉이 활발하지 못하면 화학 원소의 생산 및 분배가 원활치 못해 접촉 결핍증에 걸리게 된다는 보고도 있다.

접촉은 살결과 살결의 부딪침을 통한 교제나 의사의 전달이라는 의미에만 그치는 것이 아니라, 심리적인 영역, 더 나아가서는 영적인 영역까지 확장시킨다. 접촉은 두려움을 잠잠하게 하고 고통을 완화시켜 주며 위로를 준다. 또 접촉은 우리가 의식을 하든 하지 아니하든 간에 사랑하는 사람과 대화를 나누는 기본적인 수단이 된다.

인간의 접촉에 대한 욕구는 어렸을 때는 어느 정도 충족이 되지만 점점 자라면서 접촉의 기회가 줄어들게 된다. 15세만 넘어도 부모가 만지는 것에 대해 '독립심'을 빙자한 접촉 거부가 일어나게 된다. 그 시기는 동성 친구들과의 접촉이 특히 심하고 이성 친구와의 접촉도 갈망하는 시기이다.

특히 스포츠를 통한 접촉이 그들의 중요한 해소 방법이 된다. 20세에 들어서면서 이제 접촉에 대한 욕구는 동성에서 이성으로 넘어가게 된다. 그리고 결혼하면서부터 접촉의 빈도가 성적인 접촉 외에는 점점 줄어들게 된다.

특히 자녀를 갖게 되면서부터는 자녀에의 접촉 빈도는 늘어나는 반면 배우자와의 접촉은 급격히 줄어든다. 나아가 나이가 들면 들수록 이 증세는 심화되어 노인이 되면 접촉 빈사 상태가 되어 버린다.

그렇다면 접촉이 결핍되면 어떤 증세가 일어나게 될까? 캘리포니아의 임상 의사인 빌 존스 박사는 "가출 소녀의 90%가 접촉결핍증에 걸려 있다"고 말한다. 또한, 아동심리학자들은 "어떻게 사랑하고 어떻게 사랑받아야 할 것인가의 태도 형성은 유아기 때 결정된다"고 말한다. 그것은 유아기 때의 피부 접촉은 단순한 언의의 차원을 넘어선 사랑을 주고받는 행동이기 때문이다. 만약 유아기 때 접촉이 결핍되면 많이 울거나 여러 가지 잔병을 앓게 된다. 아이들이 따뜻한 피부를 그리워하는 정도는 음식을 원하는 생리적 욕구보다 훨씬 강하다고 한다(르네 스피츠 박사의 마라스무스병).

미국의 사우스캐롤라이나 주립 대학의 의과 대학에서는 인큐베이터 속의 미숙아들을 대상으로 접촉 결핍증에 대한 임상 실험을 하였는데 접촉 행위와 언어 발달에 관한 상관성도 매우 높은 것으로 보고되었고 무엇인가를 만지려 할 때 손에 닿는 것이 없어 충분한 접촉이 없다면 정상적인 근육과 뇌 활동이 이루어질 수 없다는 것이다.

사랑은 접촉이고 접촉이 곧 사랑이다. 사랑의 표현을 통해서 기쁨이 생긴다. 사랑을 가장 잘 표현하는 방법은 무엇보다도 서로 접촉하는 것이다. 접촉을 통해서 사랑이 전달된다.

악수하는 것에서부터 등을 토닥거린다거나 이야기하면서 어깨를 껴안는다든지, 포옹을 하거나 키스를 하는 것 등, 강도가 약한 접촉에서 은밀하고 깊숙한 접촉까지 그 방법은 다양하다.

그중에서 사랑을 깊이 전하는 대표적인 방법이 '포옹'과 '키스'이다.

포옹은 기분을 좋게 해 주고 외로움을 없애 주며, 두려움과 불안, 긴장감을 해소시켜 주고 마음의 문을 열어 주는 푸근함을 준다. 불면증도 없애 주고, 키 큰 사람에게는 굽히기 운동을, 키 작은 사람에게는 팔을 뻗치는 운동을 하게 하여 팔과 어깨 근육 운동까지도 시켜 주며, 노화 방지 효과도 있다. 내적인 스트레스나 공허함 때문에 마구 먹게 되어 비만이 생기게 되나 포옹을 하게 되면 정서적 충만감이 있어서 음식을 적게 먹어도 포만감을 느끼기 때문에 다이어트 효과도 있다.

물론 미용 효과도 있다. 또 항상 휴대가 가능하므로 편리하고 경제적이며 에너지 절약 효과도 있고 환경을 파괴할 위험도 전혀 없다(캐슬린 키팅).

포옹은 혈압을 급상승시키고 긴장감을 불러일으키는 분노의 감정도 맥 못 추게 만드는 효력이 있으며, 고독과 외로움을 달래 줄 수 있는 유일한 수단이며 탁월한 정신치료제이다.

배우자와 가족들과 관계를 좋게 지속하고 싶으면 주저 말고 부드럽게 껴안아라. 포옹은 상대방과 가장 밀접하게 관련을 맺고 있다는 하나의 증거이다. 이렇게 좋은 사랑의 시작인 피부 접촉, 가족 간의 사랑의 관계를 좋게 해 주는 피부 접촉을 많이 하자.

10

서로 대화하라

가족 간의 대화가 끊어지면 행복한 가정을 기대하지 말아야 한다. 부모와 자식 간에, 부부 간에, 형제자매 간에 서로 대화가 끊어지게 되면 흐르지 않는 피처럼 관계가 단절되어 결국은 신체의 일부를 절단해야 하는 일이 생기듯이 가족 간의 대화의 단절은 심해지면 가족 관계가 해체되는 비극을 초래할 수도 있는 것이다.

따라서, 행복한 가정을 만들어 가기 위해서는 무엇보다도 선행되어야 할 것이 가족 간 대화의 벽을 없애는 것이다.

1) 대화가 넘치는 행복한 우리 가정을 만드는 비결

① 내가 먼저 대화의 시작을 유도한다.
② 먼저 솔직하라.
③ 10분 들어주고 5분만 말하라.

④ 상대의 대화 타이밍을 맞추라.
⑤ 상대방의 언어를 이해하고 사랑하라.
⑥ 긍정적인 언어를 사용한다.
⑦ 약점과 잘못을 인정하고 시인하라.
⑧ 먼저 이해하려고 노력하자. 그리고 용납하자.

일방적으로 쏘아붙이는 잔소리는 대화가 아니다. 자녀는 컴퓨터와 친구하고 엄마와 아빠는 각각의 방에서 TV와 친구하며, 가족 간에는 조용한 침묵만이 흐르는 가정이 점점 늘어나고 있다.

이러한 가족 내 대화 단절은 심각한 위기를 불러온다.

2) 효과적인 의사소통을 위한 10가지 방법

① 상대에게 상처를 주는 부정적인 단어는 금한다.
② 상대방의 감정과 느낌을 인정해 주어라.
③ '너' 대신에 '나'라는 단어를 사용하라.
④ 사랑 안에서 진실되게 이야기하라.
⑤ 자기 방어나 변명을 하지 말고 의견을 이야기하라.
⑥ 비언어적인 방법으로 애정을 표현하라.

⑦ 상대방의 말에 집중하고 경청한다.

⑧ 잘못 말함을 즉각 공격하지 말고 틀린 이유를 설명하라.

⑨ 대화를 할 때는 마주 앉아서 시선을 마주하라.

⑩ 매일 배우자의 말을 들어주어라.

가장 효과적인 의사소통을 위한 대화법은 상대를 향해 마음을 활짝 여는 것이다.

3) 인간관계를 망치는 대화 습관 39가지

① 도덕적인 설교만 늘어놓는다.

② 남의 권위를 내세워 잘난 척한다.

③ 자기 권위를 세우려고 한다.

④ 자신의 가치관만으로 모든 것을 판단한다.

⑤ 근거를 말하지 않고 결론짓는다.

⑥ 트집만 잡는다.

⑦ 단순한 몇 가지 정보로 섣불리 결론짓는다.

⑧ 구체적인 예를 말하지 않고 추상적이고 어려운 말을 사용한다.

⑨ 궤변으로 자기의 의견만 주장한다.

⑩ 모순을 깨닫지 못한다.

⑪ 난해한 말로 연막을 피운다.

⑫ 아는 척한다.

⑬ 끝난 일을 계속 문제 삼는다.

⑭ 무엇이든지 의심하고 억측한다.

⑮ 감정에 휘둘린다.

⑯ 우유부단해서 자기 의견을 말하지 못한다.

⑰ 자기 말만 한다.

⑱ 상대가 관심 없는 말을 늘어놓는다.

⑲ 낮은 수준으로 해석한다.

⑳ 어떡해서든 눈에 띄려고 한다.

㉑ 자기 자랑만 늘어놓는다.

㉒ 허세를 부린다.

㉓ 다른 사람의 말에 귀 기울이지 않는다.

㉔ 아부만 하고 자기 의견을 말하지 않는다.

㉕ 감정의 기복이 심하다.

㉖ 정론만 내세운다.

㉗ 흔한 말만 한다.

㉘ 투덜거리기만 해서 무엇을 말하려는 것인지 알 수 없다.

㉙ 어떤 화제든 늘 똑같은 이야기로 끌고 간다.

㉚ 차별 의식을 말로 표현한다.

㉛ 다른 사람의 생각을 비판 없이 받아들인다.

㉜ 쉽게 감동한다.

㉝ 착한 사람이 되고 싶어 한다.

㉞ 지나치게 친절하다.

㉟ 현상을 정확히 파악하지 못한다.

㊱ 시야가 좁다.

㊲ 전체적인 것을 보지 못하고 단편적으로만 사고한다.

㊳ 이상론만을 말한다.

㊴ 스포츠 신문에서 얻은 지식을 자신의 의견인 양 말한다.

제3장

부모가 자녀에게

01

매일 자녀를 축복하라

저자의 슬하에는 현재 결혼하여 자녀 2명을 둔 믿음직한 아들 진수와 현재 직장에 다니고 있는 사랑스러운 딸 지혜가 있다. 저자는 이들이 갓난아이일 때부터 장성할 때까지 거의 매일같이 아침이면 아들과 딸의 방을 찾아가서 나름대로는 세상에서 가장 자상하고 포근한 목소리로 자녀들의 머리에 손을 얹고 마음껏 축복을 해 주었다. 축복이 끝난 후에는 조용히 자녀의 볼과 입 등에 가벼운 입맞춤을 하면서 "진수야! 아빠는 진수를 너무너무 사랑한다. 사랑하는 우리 왕자님 이제 학교 가야지", "지혜야! 아빠는 지혜를 너무너무 사랑한다. 사랑하는 우리 공주님 이제 학교 가야지" 하면서 왼손은 자녀를 안은 채로 두고, 아들 녀석은 가슴과 배와 얼굴과 전신을 부드럽게 마사지해 주었고, 딸아이는 배와 팔 등을 부드럽게 마사지해 주었다. 그러면 아이들은 하루의 첫 시간에 아빠의 축복 소리를 들으며 기분 좋게 서서히 잠을 깨어 일어난다.

저자는 아침마다 특별한 일이 없는 한 가능하면 위와 같은 모습으로 자녀들에게 축복을 해 주었고, 자녀들은 저자가 자신들을 축복하는 축복 소리를 들으면서 하루를 시작하였다. 저녁때는 저자가 아이들이 자고 있을 때 귀가하게 되면 잠을 자고 있는 아이의 방에 조용히 가서 머리에 손을 얹고 축복을 해 주었고, 잠이 들기 전이면 침대에 자녀들을 눕혀 놓고 아침과 같은 방법으로 축복을 해 주었다. 아이들은 축복이 끝나기도 전에 깊이 잠에 빠져들곤 하였다.

저자가 자녀들에게 축복을 하는 과정과 모습을 비교적 자세하게 묘사한 이유는 거의 매일같이 저자의 축복과 기도를 받고 자라난 아들 진수는 지금까지 또래 아이들과 싸움 한 번 한 적 없이 부모의 속을 한 번도 썩이지 않고 아름답고 곱게 자라 주었고, 자신의 적성을 따라 대학에 진학하여서는 줄곧 수석을 하였고, 학교를 졸업할 때에는 수석 졸업까지 하였으며 재학 중에는 매 학기마다 장학금을 받아 저자의 경제적 부담을 많이 덜어 주었고, 짬짬이 아르바이트를 하여 생활비는 자신이 벌어 쓸 뿐 아니라 가끔씩 저자와 내자에게 용돈 하라며 적지 않은 돈을 송금해 주기도 하였던 기특한 녀석이기도 하기 때문이다.

또한, 딸아이 지혜도 창원에 전학 온 이후로 줄곧 반 수석을 놓치지 않아 줄곧 장학금을 받으면서 공부를 하였고, 고등학교 재학

중에 전산 관련 국가 자격증을 9개나 취득하였을 뿐만 아니라 고등학교를 졸업할 때는 학업 우수자에게 수여하는 상을 받았고, 대학을 우수한 성적으로 졸업한 후 현재는 변호사 사무실에 취직하여 열심히 직장 생활을 하면서 훌륭한 사회인으로 살아가고 있다.

이 기회를 빌려 두 자녀에게 잘 자라 주어서 고맙고, 사랑한다는 말을 전한다.

그리고 아들과 결혼해 준 사랑스러운 며느리인 유재선에게도 감사의 말을 전한다. 가정 형편이 어려운 우리 집에 시집을 와 주고, 시집와서는 눈에 넣어도 아프지 않을 사랑스러운 손자를 둘씩이나 안겨 준 데 대해 마음속 깊은 곳에서부터 진심으로 고맙다는 말과 함께 사랑한다는 말도 전한다.

우리는 흔히 가정의 아버지를 가장이라고 한다. 가장이 자녀들의 머리에 손을 얹고 축복을 해 줄 수 있다는 사실이 얼마나 즐겁고 기쁜 일인가? 이 축복권은 가장이 가진 일종의 특권이라고 생각한다. 세상의 모든 가장 여러분 이 특권을 이용하여 자녀들을 마음껏 축복하자.

성경에 나오는 축복기도문이 많지만 저자가 자녀들이 어릴 때 축복하던 축복기도문 한 가지만 소개하고자 한다.

"여호와는 네게 복을 주시고 너를 지키시기를 원하며 여호와는 그 얼굴로 네게 비추사 은혜 베푸시기를 원하며 여호와는 그 얼굴을 네게로 향하여 드사 평강 주시기를 원하노라."

- 민수기 6장 24~26절

02

자녀에게 비전을 심어 주어라

동서고금을 통하여 역사를 움직이고 세계를 이끌어 가는 지도자들은 어릴 적부터 뚜렷한 비전을 가졌고 그 비전을 문자화하여 실현해 가는 과정에서 겪었던 여러 가지 고난과 역경을 참고 견디어 끝내는 자신의 비전을 실천하여 현실로 옮긴 사람들이다. 비전을 가졌던 그들은 10대에 이미 인생의 반이 결정되었고, 20대에 그 성패가 판가름 났다.

지금, 바로 당신에게 있어서 목숨보다도 더 소중한 자녀의 인생에 찬란한 비전을 안겨 주어라. 자녀에게 수십억 원의 재산보다 미래에 대한 비전을 물려주는 부모야말로 진정 위대한 부모이다. 지금 자녀가 컸다고 늦었다고 생각하는가? 늦었다고 생각할 때가 가장 빠른 때이다! 지금이라도 당장 자녀들에게 귀한 비전을 심어 주어라. 그리하면 자녀들이 장차 부모들에게 보람과 영광을 안겨줄 것이다.

하버드 MBA 과정 재학생들을 대상으로 목표 설정에 관한 연구가 진행된 적이 있었다. 재학 시절, 뚜렷한 목표를 세우고 그것을 달성하기 위한 구체적인 계획을 세운 학생은 전체의 3%였고, 13%는 목표는 뚜렷했지만 구체적인 실천 계획은 없었다. 재미있는 것은 그들의 졸업 후 수입이다. 목표와 계획이 뚜렷했던 3%는 나머지 97%의 평균 수입의 10배에 달하는 수입을 올리고 있었고, 목표만 있던 13%는 나머지보다 평균 2배의 수입을 올리고 있었다. 목표와 계획이 같은 강의실에 앉아 있던 사람들의 운명을 바꾸어 버린 것이다. 대부분의 사람들은 지도도 표지판도 없이 낯선 세계를 여행하듯이 살아간다. 일에 파묻혀 시간은 하염없이 흘러가고 삶은 늘 불만족스럽다. 미래는 언제나 막연하고 자신감은 이미 나를 떠난 지 오래이다.

IBM, 포드, 제록스, HP 등을 담당했던 세계적인 경영컨설턴트이자 베스트셀러 저자인 브레이언 트레이스는 '목표는 막연한 꿈이 아닌 기술'이라고 강조한다. 그는 성공하려면 앞에서 조사된 상위 3%의 방식을 따라해야 한다고 말한다. 그가 전하는 목표 달성의 기술을 들여다보자.

1) 하버드 MBA 학생들의 목표 성취 기술

(1) 기한을 정하지 않은 목표는 총알 없는 총이다

기한 없는 목표는 탁상공론이다. 기한이 없으면 일을 실행시켜 주는 에너지도 발생하지 않는다. 당신의 삶을 불발탄으로 만들지 않으려면 분명한 기한을 정하라.

(2) 독수리가 되고 싶다면 독수리 떼와 함께 날아라

늘 교류하는 '준거집단'의 선택이 목표 달성을 좌우한다. 칠면조 무리에 섞여 있으면서 독수리를 꿈꾸지 마라. 목표에 맞는 사람들과 교류하라.

(3) 목표는 긍정문, 현재 시제 1인칭

잠재의식은 긍정적인 명령 처리와 현재 시제에 잘 반응한다. 또한 목표는 개인적이어야 한다. 개인적인 동기가 나를 움직인다.

(4) 목표는 간결해야 한다

목표 달성을 하려는 사람은 여기저기 총알을 퍼붓는 기관총 사수가 되어서는 안 된다. 단 한 번에 목표물을 날려 버리는 저격병이 되어야 한다.

(5) 성공한 모습을 머릿속에 그리며 살아라

육체는 신경 에너지의 명령에 따라 움직인다. 마음속에 성공을 그리는 행위는 자신의 중앙 컴퓨터에 성공을 프로그래밍하는 것과 같은 효과를 발휘한다.

(6) 마무리 5%가 성공을 좌우한다

많은 사람들이 95%까지는 열심히 일하다 막판에 목표 달성을 포기한다. 포기하는 것도 유혹이다. 마지막 5%가 남았을 때 다가오는 포기의 유혹을 이겨내라.

(7) 잘못을 인정하라. 그래야 문제를 통제할 수 있다

내가 변하지 않는 한 아무것도 변하지 않는다. 삶에 대한 책임이 전적으로 나에게 있다는 사실을 인정하는 순간 우리는 비로소 목표의 주인이 될 수 있다. 인정하지 않으면 행동도 할 수 없다.

(8) 목표 달성을 위한 대가를 두려워하지 말라

성공은 반드시 대가를 요구한다. 성공한 다음 대가를 치르면 된다는 생각을 버려라. 성공으로 가는 엘리베이터는 그때그때 대가를 치러야 움직인다.

03

자녀를 웃음으로 키워라

웃으면서 사는 인생은 누구나 꿈꾸는 것이다. 행복을 떠올릴 때 가장 먼저 떠오르는 것 역시 웃음이 있는 풍경이다. 웃음은 행복의 여정을 만드는 첫 번째 본능이기 때문이다. 인간이 가지고 있는 멋들어진 본능, 웃음. 하지만 우리는 하루 동안 몇 번이나 웃었을까? 이 질문에 선뜻 대답할 수 있는 사람은 많지 않을 것이다.

성경에서도 우리의 인생이 70이요, 강건하면 80이라고 했는데 그렇다면 과연 우리가 건강하게 80살까지 산다고 가정했을 때 과연 80 평생에 얼마나 웃으며 살까? 한 통계에 의하면 미국인은 하루에 열다섯 번 정도 웃고, 한국인은 여섯 번에서 일곱 번 정도 웃는다고 한다. 미국인에 비하면 우리는 절반도 채 못 미치는 횟수다. 그나마 한국인은 웃을 때도 길게 웃지 않는다. 넉넉히 쳐서 한 번 웃을 때 10초 정도 웃는다고 가정해도 하루에 1분 정도 웃는 셈이다.

이렇게 계산해 보면 우리가 80년을 산다고 해도 웃고 즐기는 시간이 20일도 안 된다는 얘기가 된다. 이는 일하는 데 26년, 잠자는 데 22년, 근심 걱정에 6년 7개월, 화장실에서 3년 반의 시간을 보내는 데 비해 턱없이 적은 시간이다. 그런데도 우리에게 웃음이 절대적으로 부족한 이유는 무엇일까?

우리 모두가 너무 완벽한 '한국 어른'이 되어 버렸기 때문은 아닐까? 체면과 위신을 중요시하고 근엄한 표정을 지으면서 얼굴과 몸이 뻣뻣해져 버린 표준 한국 어른. 그렇게 시간이 흐르다 보니 이젠 웃고 싶을 때조차 마음대로 웃지 못하는 어른 말이다.

'아이가 체면을 차리기 시작하면 어른이 된다'는 우스갯소리가 있다. 그만큼 '체면'에는 사람의 얼굴에서 웃음을 빼앗아 버리는 속성이 있다. 이 체면과 위신의 가면은 일단 뒤집어쓰면 쉽게 벗어 버릴 수가 없어 아무 거리낌 없이 맘껏 웃고 싶을 때조차 웃음을 방해하곤 한다. 이제 우리는 그 뻣뻣한 가면을 벗어 버리고 웃고 싶을 때 마음대로 웃을 수 있는 자유를 되찾아야 한다.

웃음을 되찾기 위해 가장 먼저 부딪쳐야 할 장벽은 '웃을 일이 없다'는 것인데 이 문제를 해결하기 위해서는 가장 중요한 인식의 전환을 거쳐야 한다. 웃을 일이 있어야 웃는 것이 아니라, 마음속의 행복이 넘쳐 나와 웃는 것이 아니라, 슬픈 일이 있든, 기쁜 일이 있든 상관하지 말고 웃어야 한다는 것이다. 웃는 흉내만 내도 행복해진다. 사람은 행복하기 때문에 웃는 것이 아니라 웃기 때문에 행복하다. 신체적 반응이 감정을 유도하는 것이다. 그러니 '억지로라도 웃어야 된다'는 것이다. 우리가 인생을 살아가면서 기쁘고 즐거워서 진정 웃을 일이 있어서 웃을 때가 과연 얼마나 있을 것인가. 웃을 일이 없어도 웃다 보면 웃을 이유가 생기고, 웃다 보면 즐거운 일이 생기고, 웃다 보면 행복해지는 것이다.

미국 남서부에 살던 어느 인디언들에겐 갓 태어난 아기에게 '웃음 부모'를 정해 주는 풍습이 있다고 한다. 피를 나눈 부모 자식 사이는 아니지만 아이를 직접 간지럼 태우는 것 외의 다른 방법으로 아이를 가정 먼저 웃게 만든 사람을 아이의 웃음 부모로 삼는다는 것이다. 이렇게 정해진 아이와 웃음 부모의 관계는 평생에 걸쳐 계속된다고 한다. 힘들고 어려운 일이 있을 때마다 아이는 웃음 부모를 찾아가 함께 웃으며 고통과 위기를 극복해 간다고 한다. 웃음 부모는 아이에게 친부모 못지않은 영향력을 행사하며 존경을 받는다고 한다.

이 이야기는 우리에게 많은 것을 시사해 준다. 자녀 양육과 가족 관계에 있어서 웃음만큼 중요한 것도 없다는 것이다. 부모는 자식을 낳고 웃음으로 키운다. 자녀가 인생을 웃으며 살아야 하는 이유를 찾아 주는 것은 부모의 역할이자 사랑의 표현이다. 우리는 태어나는 순간, 웃으면서 살 수 있는 자격을 부여받았기 때문이다.

링컨 대통령도 위기에 봉착할 때마다 웃음으로 극복해 냈다고 한다. "나는 울지 않기 위해 웃어야 할 이유를 찾아야 했다. 매일 나를 짓누르는 두려운 고통을 이기기 위한 무기로 나는 웃음을 선택했다. 내게 웃음이 없었다면 나는 인생의 실패자가 되었을 것이다".

웃음꽃이 인생을 꽃피운다. 웃는 흉내만 내도 행복해진다. 우리는 웃기 위해 태어났고, 웃으며 살 특권이 있다. 이제 자녀를 평생토록 웃으며 행복하게 살아갈 수 있도록 자녀를 웃음으로 키우자.

04

부모 자식 관계를 좋게 하라

자녀가 부모의 사랑을 느끼고 부모를 존경하고 신뢰하는 마음을 가질 때 원만한 부모 자식 관계를 맺을 수 있다. 이러한 부모 자식 관계를 가지게 되면 자녀는 부모를 순종하게 되고 부모가 기대하는 사람이 될 수 있는 것이다.

사랑, 안정, 칭찬이 넘치는 가정에서 어린이의 개성과 인격이 존중되면 엄한 훈련이 필요 없게 된다. 불순종, 반항, 나쁜 행동은 부모의 올바른 사랑을 받지 못하거나 미움을 받았기 때문이다. 어린이를 존중하고 신임하면 그는 행복하고 자유로워져서 구태여 나쁜 짓을 할 필요가 없고, 부모를 순종하지 않을 수 없게 된다. 이러한 어린이는 부모의 훈계와 지식을 쉽게 받아들이고 권위에 반발하지 않는다.

어린이가 부모의 사랑에 젖어 있어서 진심으로 부모를 사랑하고 신뢰하게 되면 여간하지 않은 처벌도 잘 받아들이고, 마음의 상처를 받지 않는다. 그는 부모가 자기를 훌륭한 사람으로 만들기 위해서 그렇게 꾸짖는다는 것을 알고 반발하지도 않고 순종하게 된다. 그래서 바람직한 부모 자식 관계를 맺는 것은 중요하다.

05

부모가 사랑하는 모습을 보여 줘라

자녀들에게 보약 중의 보약은 부모가 서로 사랑하며 살아가는 모습이다.

저자의 두 자녀는 지금까지 저자 부부가 싸움하는 것을 단 한 차례도 본 적이 없다. 왜냐하면 아이들이 볼 때는 부부 싸움을 하지 않았으니까. 그렇다면 저자 부부가 정말 지금까지 35년간의 결혼생활에서 단 한 번도 부부 싸움을 한 적이 없느냐 하면 천만의 말씀이다. 셀 수 없이 많은 부부 싸움을 했다. 그렇지만 자녀들이 있는 장소에서는 부부 싸움을 하지 않았으니 아이들은 저자 부부는 부부 싸움을 하지 않은 줄 알고 있다.

그래서 아들 진수와 딸 지혜는 어릴 때부터 지금까지 입버릇처럼 하는 말이 훗날 자신들이 커서 결혼을 하여 가정을 이루게 되면 엄마와 아빠같이 사랑스러운 결혼생활을 하고 싶다는 말이다. 참으로 부족한 모습투성이였지만 자녀들에게 저자 부부가 사랑하며 살아온 것으로 보여졌음에 감사한다.

아이들이 저자 부부의 사랑하는 모습을 보면서 단 한 번도 부모의 속을 썩이지 않고 아름답고 훌륭하게 잘 자라 주었고, 지금도 자신의 선 자리에서 감사하며 자신의 역할을 기쁘고 즐거운 마음으로 성실하게 수행하며 살아가는 모습에 저자는 항상 고마움과 감사를 표한다.

“사랑하는 아들 진수야! 사랑하는 딸 지혜야! 너무너무 고맙다. 그리고 엄마 아빠는 너희들을 너무너무 사랑한다.”

06

부모가 먼저 본을 보여라

도덕 교육에 있어서나 자녀 훈련에 있어서 가장 기본적인 요소는 어른들이 먼저 바람직한 본보기를 보여 주는 것이라고 거듭 강조하고 싶다. 예를 들어 정직을 말로써 가르치기 전에 먼저 정직한 부모 자신을 보여 주고, 다음에 말로써 가르쳐야 한다. 아동이나 청소년 교육의 실패 가운데 가장 큰 것은 어른들이 말로만 가르치고 그러한 본을 보여 주지 못하기 때문이다.

자녀들은 부모의 말로 양육되지 않고 부모의 행동을 보면서 자라 간다. 따라서 부모가 자녀들 보는 앞에서 먼저 본을 보여야 한다. 예를 들어 자녀들에게 입으로는 교통 법규를 잘 지켜야 된다고 교육을 시켜 놓고는 자녀들을 태우고 차를 운전하는 부모가 교통 신호를 위반하는 행동, 자녀의 손을 잡고는 횡단보도가 아닌 차도를 무단 횡단하기 위해 공포에 질려 떨고 있는 자녀의 손을 잡아끌면서 차도를 서슴없이 무단 횡단하는 행동이 그렇다.

자녀들에게는 거짓말을 해서는 안 된다고 입으로는 교육을 시켜 놓고는 교통 신호를 위반하여 교통 경찰관에게 적발되었을 때 자녀가 보고 있는 가운데에도 신호를 위반하지 않았다고 끝까지 거짓말로 우기는 행동, 어린 자녀의 차비를 아끼기 위해서 자녀들에게 차비를 내지 않아도 되는 나이로 속여서 대답하라고 거짓말을 가르치는 부모, 그 부모의 가르침대로 자신의 나이를 속여서 차비를 내지 않아도 되었을 때 아이가 “엄마! 나 엄마가 시키는 대로 나이를 속여서 공짜로 차 타게 됐다”며 자랑스럽게 말하게 하는 행동 역시 이에 해당한다.

자녀들에게 약속은 반드시 지켜야 한다고 입으로는 교육을 시켜 놓고는 흔히 어린 자녀들과 함께 시장에 가거나 쇼핑을 하게 될 때 자녀들이 자신이 원하는 물건을 사달라고 조르거나 울게 되면 대개 엄마는 순간적으로 아이를 달랠 목적으로 아이가 말하는 물건을 사 주겠다 약속을 하고는 그 자리를 벗어난 후에는 언제 그런 약속을 했느냐는 듯이 아이에게 물건을 사 주지 않고 약속을 저버리는 경우가 많지 않은가. 이런 예들은 주변에서 흔히 볼 수 있는 우리들의 자화상이 아닐까 싶다.

이렇듯 부모들은 자녀들 앞에서 본을 보이지 못할 때가 많다. 위와 같은 부모들의 모습을 보고 자란 자녀들에게 자라나서 교통 법규를 잘 지키기를 기대하고, 거짓말을 안 할 것이라고 기대하고, 약속을 잘 지킬 것이라고 기대하지 말아야 한다. 콩 심은 데 콩 나고 팥 심은 데 팥 난다는 속담이 있듯이 자녀들에게 보여 주고 행한 대로, 부모가 자녀들에게 심은 대로 거두는 것이다.

이런 만고불변의 진리를 깨달아 부모가 먼저 본을 보여라. 그래야 자녀들도 부모의 본을 받아 교통 법규를 잘 지키고, 거짓말을 하지 않고 정직하게 살며, 약속은 반드시 지키는 훌륭한 사람으로 자라날 것이다.

07

부부가 먼저 화합하라

행복한 가정을 만드는 요소는 부부가 화합하는 것이다. 부부가 서로를 위해 주고 존경해 주는 행복한 인간관계를 가지는 것이 무엇보다도 중요하다. 부부 간에 사이가 좋지 못하고 잘 싸우면 자녀들은 모순된 권위 가운데서 희생을 당하게 된다. 자녀는 아버지가 옳은지 어머니가 옳은지 판단할 수 없다. 한때는 아버지를 따르지만 어머니도 무시할 수 없는 권위자이므로, 어떤 때는 어머니를 따르기도 한다.

이렇게 되면 자녀는 마음에 혼란이 일어나고 갈등이 생겨서 인격의 통합을 이루지 못하고 불행감 속에서 고통을 받아야 한다. 이런 현상이 심하면 내성적인 어린이는 정신 건강에 위협을 받아서 신경병, 정신병에 걸리게 되고, 외향적인 어린이는 다른 사람을 해치는 좋지 못한 행동, 즉 도둑질, 거짓말, 싸움, 가출 등을 하게 된다. 반면에 부모가 서로 존경하고 사랑하는 가정의 아이들은 "착해라", "공부 잘해라"라는 말을 하지 않아도 착하고 공부도 잘한다. 이는 마음이 행복하기 때문이다.

08

부모가 먼저 버려라

당신은 아이에게 집착하는 부모인가, 아니면 건강한 기대로 아이를 북돋워 주는 부모인가. 당신은 아이를 행복하게 만드는 부모인가, 아니면 아이를 불행하게 만드는 부모인가. 당신은 사소한 일로 아이를 괴롭히고 무리한 요구를 일삼는 나쁜 부모인가, 아니면 현명한 관심과 사랑으로 적은 가능성을 크게 키워 주는 부모인가.

모든 부모들은 자녀를 세상에서 가장 행복한 아이로 키우고 싶어 한다. 내 아이는 다르니까, 특별하니까, 이왕이면 최고로 키우고 싶으니까 그만큼 기대도 많고 아이에 대한 욕심도 끝이 없다. 아이가 행복하려면, 그것도 다 커서까지 내내 행복하려면 어렸을 때부터 해 둘 일이 너무나 많다. 일찍 글도 깨쳐야지, 말도 잘해야지, 발표력도 좋아야지, 인사성도 밝아서 예의 바르게 잘 키웠다는 말도 들어야지, 착하고 순해서 엄마 아빠 말씀도 잘 들어야지 등등.

부모 마음은 이토록 조급하건만 아이는 이런 마음을 아는지 모르는지 떼만 늘고 점점 제멋대로 굴기만 한다. 아이에 대한 관심은 어느새 집착으로 변하고, 부드럽고 온화한 말투에는 어느새 잔소리와 짜증이 묻어 버렸다. 수차례 똑같은 얘기를 해도 아이가 한 사코 한 귀로 듣고 한 귀로 흘린다면, 아무리 소중한 자식이라도 못마땅할 때가 한두 번이 아닐 것이다.

하지만 아이 입장에서는 단어 하나만 새로 말해도 박수치며 좋아하던 엄마 아빠가 변해도 너무 변했다는 생각이 들게 된다. 세상에서 가장 편해야 할 부모가 자꾸만 낯설고 두려워지는 것이다. 아이들은 이것도 하지 말고 저것도 하지 말라고 닦달하는 엄마 아빠의 모습에서 서운함을 느낀다. 가슴에 손을 얹고 차분히 돌이켜 보라. 격려하고 부추겨 줘도 부족할 판에 도리어 아이를 옴짝달싹 못하게 가두고 있지는 않은가.

아이의 행동이 못마땅할 때, 소리를 버럭 지르고 싶을 때 잠깐 멈추고 자신을 돌아보라. 나의 잔소리와 나의 요구가 건강한 관심에서 비롯된 것인지, 사소한 집착에서 비롯된 것인지 되짚어 보라. 아이가 그토록 고치지 못하는 나쁜 버릇이나 말투, 제멋대로식의 고집은 어쩌면 당신으로부터 물려받은 것일지도 모른다.

'마음을 비우라'는 말은 자녀 교육에도 고스란히 적용된다. 부모가 넉넉하게 빈틈을 만들어 줘야 아이가 채워 가며 커 갈 수 있다. 아이에게만 이것저것 하지 말라고 타박하지 말고 부모가 먼저 버려라. 부모가 쓸데없는 집착과 강박 관념을 버려야 아이가 숨을 쉬고, 꿈을 꾸고, 상상력을 키운다. 왜 스스로는 하나도 변하려 하지 않으면서 아이에게만 부모의 틀을 강요하는가.

다음은 『이솝 우화』에 나오는 「여자와 닭」이라는 이야기이다.

한 여자가 매일 달걀을 하나씩 낳는 닭을 기르고 있었다. 어느 날, 그녀는 닭에게 모이를 더 많이 주면 달걀을 하루에 두 개씩은 낳을 거라고 생각했다. 그래서 이튿날부터 모이를 듬뿍 주었다. 그런데 닭은 이상하게 살만 찌고 오히려 달걀을 하나도 못 낳는 날이 많아졌다.

달걀을 더 얻으려면 모이를 많이 주기보다는 쾌적한 환경을 마련해 주는 편이 현명하다. 그러나 달걀을 더 얻어 이익을 보기 위해 무작정 모이를 많이 주었듯, 부모들 가운데에는 무의식적으로 아이에게서 뭔가를 얻으려고 베푸는 사람이 있다.

또 아이가 백점 받은 것을 그냥 기뻐하면 되는데, 스스로에게 만족하지 못하는 부모는 아이를 격려한답시고 더 큰 욕심을 낸다. 이런 부모는 자기도 모르게 앞으로 더 열심히 공부하라고 아이를 닦달한다. 그러면 아이는 잔뜩 늘어난 고무줄처럼 축 처지거나 다 타 버린 재처럼 풀이 죽어 버린다.

아이에게 잠재된 가능성을 미처 발견하지 못하는 부모도 있다. 아이가 넉넉하고 행복한 어른으로 성장하느냐, 그늘지고 불행한 어른으로 성장하느냐는 바로 당신의 마음가짐에 달려 있다.

당신의 자녀를 건강한 아이로 키우고 싶다면 자녀가 숨을 쉬고, 꿈을 꾸고, 행복을 채워 갈 수 있도록 건강한 기대만 남기고 부모가 먼저 집착을 버리고, 마음을 비우고, 빈틈을 만들어라. 아이들은 생활 속에서 나누는 소소한 대화, 함께 밥을 먹으며 주고받는 눈빛, 마음을 읽고 배려하는 태도 등 작은 것에서 행복을 느낀다. 거품을 뺀, 소박하고 편안한 사랑, 내 아이에게 가장 필요한 것은 바로 그런 '작은 사랑'이다.

09

자녀의 소유와 공간을 인정하라

자녀에게도 자신만의 소유가 있고 자신만의 공간이 있다. 물론, 자녀가 가지고 있는 소유와 공간은 거의 대부분이 부모가 준 돈으로 산 물건이거나 부모가 마련해 준 공간일 경우일 것이다. 남자아이일 경우에는 딱지라든가 기타 잡다한 사내아이들이 좋아하는 여러 가지 물건들이 있을 것이고, 여자아이일 경우에는 인형이라든가 여자아이들이 좋아하는 여러 가지 물건들이 있을 것이다.

저자의 경우 어린 시절 달리 가지고 놀 놀이기구가 특별히 없었던 터라 종이로 만든 딱지가 전부였다. 그런데 저자가 열심히 딱지를 접어서 동네 아이들과 딱지놀이를 하여 딴 종이 딱지들을 대청마루 밑에 숨겨 놓았는데 어느 날 그 보물과도 같았던 딱지들이 하나도 없지 않은가? 당시 땔감이 부족했던 시골에서 우연히 많은 종이 딱지를 발견하신 저자의 어머니가 종이 딱지를 아궁이에 넣고 불을 지폈다는 말씀을 듣고 얼마나 울었던지….

지금도 그때 당시의 기억을 떠올리면 한쪽 가슴이 아련히 아파

온다.

비록 어린 자녀들이라도 자신만의 소유물을 고이 간직하고 싶은 그 마음을 부모가 헤아려 주어야 마땅할 것이다.

아울러 자녀들의 공간에는 비록 부모라 할지라도 침범하여서는 아니될 것이다. 교육적인 지도와 훈계가 필요할 때를 제외하고는 가능하다면 자녀들의 공간은 인정하여 줄 필요가 있다. 그 자녀의 공간을 출입하기 위해서는 일부러라도 자녀에게 허락을 맡고 들어가는 모습을 보여 주게 될 때 자녀들은 자신이 부모로부터 대접받고 있고, 인격적으로 대우받고 있다는 사실에 자긍심과 자존심을 가지고 살아가게 될 것이다. 부모들이 별 생각 없이 행한 사소한 부주의로 인해 자라나는 어린 자녀들의 가슴에 평생 못을 박는 그런 어리석음을 행치 말아야 할 것이다.

10

행복하고 성숙한 사람을 만들어라

행복하고 성숙한 사람의 마음속에는 사랑이 깃들어 있기 때문에 남을 해치거나 괴롭게 할 수 없다. 사랑하는 마음만 있으면 자발적으로 협조하고, 예의를 지키고, 규칙을 지키며, 부모나 선생님이 기뻐하는 일을 하게 된다. 그러므로 부모는 먼저 자녀들의 마음속에 사랑을 심어 주고 옳고 그른 것만 가르쳐 주면 자발적으로 자기를 극복하고 사회적으로 용납되는 행동을 하며 남을 기쁘게 하기 위해서 선행을 하게 된다.

자녀가 부모의 사랑을 느끼지 못하는 이유는, 부모가 난폭하고 억압적이고 감정에 치우치고 애정이 없는 가혹한 방법으로 꾸짖기 때문이다. 부모는 자녀에 대해 관대함과 공정함을 보여 주어야 하고, 모든 면에서 먼저 사랑을 느끼도록 해야 한다. 그리고 사랑을 풍부하게 표현할 줄 알아야 한다. 사랑은 표현해야 상대방에게 전달되기 때문이다. 또한 아이에게 잘못이 있을 경우에는 조용히 설명하여 자신의 잘못을 뉘우치도록 해야 한다. 과잉 기대, 과잉보호, 익애, 편애 등의 잘못된 사랑은 어린이가 부모의 사랑을 느끼지 못하게 하고 오히려 부모를 미워하게 만드는 결과를 가져온다.

1) 마음이 행복해지는 7가지 주문

① 나는 다른 사람을 위해서가 아니라 나 자신의 기쁨을 위해 살고 있다.
② 나는 나에게 필요한 것에는 기꺼이 돈을 쓴다.
③ 뜻하지 않은 행운은 기꺼이 받는다.
④ 나는 매력적이고 아름답다. 나만의 개성 있는 매력으로 빛나고 있다.
⑤ 내 모든 꿈은 차례로 실현된다.
⑥ 내 사랑은 세상 모든 사람과 풍요로움에 이어져 있다.
⑦ 오늘도 멋진 하루가 될 것이다.

2) 불행으로 이끄는 6가지 착각

① 만족을 행복으로 여긴다.
② 최고의 순간은 길수록 좋다.

③ 최악의 상황은 미리 생각해 두어야 한다.

④ 행복에는 어느 정도의 기준이 있다.

⑤ 질투는 당연한 감정이다.

⑥ 사회적 성공이 행복을 보장한다.

11

자녀와의 약속은 반드시 지켜라

부모들은 자녀들에게 한 번 약속한 것은 어떠한 일이 있어도 반드시 지켜 이행하여야 한다. 예를 들어 무엇을 사 주기로 약속했을 때 부모에게 돈이 없을 경우 빌려서라도 사 주어야 한다. 그래야 그 자녀들이 부모와의 약속을 또한 잘 지키게 되는 것이다.

부모들이여, 자녀에게 한 약속을 지킬 수 없거나 약속을 지키지 않을 생각이면 처음부터 아예 자녀에게 약속을 하지 마라. 약속을 하지 않는 것이 약속을 하고도 지키지 않는 것보다 백 배는 낫다.

1) 이런 부모가 존경받는 부모다

① 자녀 앞에서 싸우지 않는 부모
② 자녀들에게 거짓말을 안 하는 부모
③ 자녀의 질문에 올바로 대답하는 부모
④ 자녀를 편애하지 않는 부모

⑤ 자녀 앞에서 행복하게 보이는 부모
⑥ 자녀에게 좋은 친구가 되어 주는 부모
⑦ 자녀들의 친구까지 사랑하는 부모
⑧ 자녀를 타인 앞에서 존중해 주는 부모
⑨ 칭찬을 아끼지 않고 정확하게 책망하는 부모
⑩ 일관성 있는 말과 행동을 보여 주는 부모

2) 자녀 교육에 성공하기

① 어떠한 경우에도 자녀를 비교하지 말자.
② 자녀와 지킬 수 없는 약속은 하지 말라.
③ 자녀들 앞에서 아끼고 존경하는 부부의 모습을 보여라.
④ 다른 사람들 앞에서 공개적으로 야단치지 말라.
⑤ 자녀와 가장 친한 친구가 되어라.
⑥ 자녀를 신뢰하고 인격적으로 존중하라.
⑦ 부모가 실수했다면 잘못을 솔직히 인정하라.
⑧ 부모 중 한 사람에게만 책임 지우지 말고 부부가 함께 의논하라.
⑨ 자녀의 고민이 무엇인지 수시로 파악하라.
⑩ 자녀를 비웃거나 협박하지 말라.

자녀를 위한 부모의 기도는 큰 힘이 된다. 부모들에게 자녀들을 위한 기도의 후원을 많이 하도록 적극적으로 권하고 싶다.

3) 자녀의 미래, 부모에게 달려 있다

① 10명 중 6명의 아버지가 알콜 중독자였다.
② 10명 중 6명의 부모가 자주 싸운다.
③ 4명 중 3명이 부모 허락받고 마음대로 돌아다닌다.
④ 10명 중 7명의 가정에 건전한 오락기구가 없다.
⑤ 10명 중 8명의 부모는 자녀의 친구에게 무관심하다.
⑥ 10명 중 8명의 어머니가 자녀에게 냉정하다.
⑦ 10명 중 8명의 부모가 자녀에게 무관심하다.
⑧ 대다수의 소년 범죄자들은 결손가정이었다.
⑨ 소년, 소녀 범죄자들은 80%가 신앙교육이 없었다.
⑩ 부모의 사랑을 받지 못한 아이들이었다.

4) 부모로서 지켜야 할 10가지

① 나는 내 자녀의 있는 그대로를 사랑할 뿐 내가 바라는 대로

되기를 강요하지 않는다.

② 나는 자녀들 개개인의 개성과 특성을 존중하고 하나의 인격체임을 인정하며 건강한 자존심을 갖도록 한다.

③ 나는 한 인간으로서 나 자신의 인생을 살며 자식을 통해 못다 한 꿈을 이루려고 하지 않는다.

④ 나는 자식의 훌륭한 행동뿐 아니라 작고 세세한 일까지 칭찬과 격려를 하여 발전으로 이끈다.

⑤ 나는 자식들에게 가능한 많은 사실을 전해주되, 판단과 결정은 스스로 하도록 맡겨둔다.

⑥ 나는 자식들이 부모의 힘을 이용하여 문제를 해결하지 않도록 하며, 이번 한 번에 끌려 다니지 않는다.

⑦ 나는 자식들이 부모에게 기대는 시간은 잠깐임을 알기 때문에 어려서부터 자기 일에 책임감을 갖고 독립심을 갖도록 이끈다.

⑧ 나는 자식들이 어떤 일을 하든 그들을 조건 없이 사랑한다는 사실을 알려 준다.

⑨ 나는 자식들이 취한 행동을 뒷마무리해 보호해 주지 않으며, 스스로 자기 행동의 결과는 책임지도록 이끈다.

⑩ 나는 내가 부모로서 자식들에게 더 이상 필요한 존재가 아니게 되었더라도 상실감이나 배신감을 갖지 않으며 내 인생이 성공적이었다는 것을 믿는다.

12

인정해 주고 칭찬해 줘라

부모는 자녀 속에 감추어져 있는 착하고, 정직하고, 관대하고, 사색적인 면들과 같은 중요한 도덕적인 가치를 발견해서 그것을 칭찬해 주어야 한다. 인정과 칭찬은 인간의 기본적인 욕구이며, 인간은 누구나 다 이것을 평생토록 갈망하고 있다. 만일 아이가 좋은 일로써 인정받지 못하면 나쁜 행동을 해서라도 인정과 주목을 얻으려고 하고, 또한 나쁜 행동으로 주목을 얻게 되면 자녀는 그런 식으로 계속 주목을 받고자 한다. 인정과 칭찬은 거의 같은 뜻을 가지고 있다.

그렇다면 칭찬의 효과를 살펴보자. 우선, 칭찬은 쾌감을 준다. 칭찬하면 기뻐하는 것은 이미 자녀들이 어린 아이 때부터 시작된다. 4~5세가 되면 칭찬의 효과가 그 절정에 달한다. 인간은 본래 고통을 피하고 쾌락을 추구하는 동물이다. 자기의 존재가 타인에게 인정받는 것을 싫어하는 사람은 거의 없다. 칭찬에는 쾌감이 따르기 마련이다. 이런 점에서 칭찬이 꾸지람보다 효과가 있으며 아이에게 끊임없이 쾌감을 제공하는 원천이기도 하다.

칭찬 교육은 긍정 반응을 이용하는 교육이다. 긍정 반응의 반대 개념은 부정 반응이다. 다음으로 칭찬은 애정의 표시가 된다. 아이는 칭찬을 들을 때 부모의 애정을 느끼고 꾸지람을 들으면 부모가 자기를 미워한다고 생각한다. 물론 자녀가 부모와 깊은 사랑의 관계를 확립하면 꾸지람을 들어도 효과를 나타낼 수 있다. 그러나 대개의 아이는 꾸지람은 수치스럽게 생각하고, 칭찬은 자랑스럽게 생각한다. 따라서 아이는 꾸지람을 듣게 되면 그 사람을 경원시하지만 자기를 칭찬하는 사람에게는 애정을 느끼게 된다. 자기가 애정을 느끼는 사람에게 아이는 쉽게 순종하기 마련이다.

마지막으로 칭찬은 칭찬하는 방향으로 자라게 한다. 모든 아이들 속에는 애정과 선행과 자립 등의 씨가 잠재해 있다. 칭찬은 마치 물과 영양분 같아서 이 씨앗들이 움트고 자라게 하는 역할을 한다. 꾸짖는 것은 좋지 못한 방향으로 나가려는 충동을 억제하는 역할은 하지만 좋은 방향으로 자라게 하지는 못한다.

1) 칭찬하는 방법

① 칭찬하는 사람 자신이 존경과 신뢰를 받아야 한다.

② 칭찬하는 이유를 알아야 한다.

③ 미리 상을 약속해서는 안 된다.

④ 공평하게 칭찬해야 된다.

⑤ 물품을 많이 사용해서는 안 된다.

⑥ 칭찬할 때 다른 아이의 영향을 무시해서는 안 된다.

⑦ 여러 사람이 칭찬하는 것이 효과적이다.

⑧ 어떤 아이 속에서도 장점이 있음을 인식하자.

⑨ 아이를 칭찬하는 것이 아니고 아이의 행동을 칭찬해야 한다.

⑩ 너무 많이 칭찬해도 안 된다.

'어릴 때 휘어진 가지는 바르게 자랄 수 없다'는 말이 있다. 아무리 좋은 사랑과 칭찬도 너무 과다하게 주어서 기르면 훗날에 시정되기가 심히 어렵다.

2) 격려와 칭찬이 넘치는 우리 가정

① 사소한 일에도 격려와 칭찬을 아끼지 말자.

② 그 즉시 칭찬하고 격려하라.

③ 건성으로 하지 말고 진심 어린 격려와 칭찬을 하라.

④ 여러 사람 앞에서 공개적으로 격려와 칭찬을 하라.

⑤ 격려와 칭찬하였던 것을 기억하고 있어라.

⑥ 다른 사람을 깎아 내리면서 칭찬하지 말라.

13

틈날 때마다 자녀를 안아 줘라

포옹은 기분을 좋게 해 주고 외로움을 없애 주며, 두려움과 불안, 긴장감을 해소시켜 주고 마음의 문을 열어 주는 푸근함을 준다. 불면증도 없애 주고, 키 큰 사람에게는 굽히기 운동을 하게 하고 키 작은 사람에게는 팔을 뻗치는 운동을 하게 하여 팔과 어깨 근육 운동까지도 시켜 주며, 노화 방지 효과도 있다. 내적인 스트레스나 공허함 때문에 마구 먹게 되어 비만이 생기게 되나 포옹을 하게 되면 정서적 충만감이 있어서 음식을 적게 먹어도 포만감을 느끼기 때문에 다이어트 효과도 있다.

물론 미용 효과도 있다. 또 항상 휴대가 가능하므로 편리하고 경제적이며 에너지 절약 효과도 있고 환경을 파괴할 위험도 전혀 없다. 포옹은 혈압을 급상승시키고 긴장감을 불러일으키는 분노의 감정도 맥 못 추게 만드는 효력이 있으며, 고독과 외로움을 달래 줄 수 있는 유일한 수단이며 탁월한 정신치료제라는 사실은 앞서도 살펴본 바 있다.

따라서, 자녀들과의 관계를 좋게 지속하고 싶으면 주저 말고 부드럽게 껴안아라. 포옹은 자녀와 가장 밀접하게 관련을 맺고 있다는 하나의 증거이다.

자녀들에게는 부모의 사랑만큼 확실한 안식처가 없을 것이다. 더군다나 자녀들은 부모가 자신을 사랑한다는 사실을 부모의 말로서도 확인하기도 하지만 그보다도 부모가 틈날 때마다 자녀인 자신을 안아 주는 것에서 부모의 확실한 사랑을 느끼게 되는 것이다.

그러므로, 틈날 때마다 자녀들을 가슴으로 꼭 안아 주면서 그에 더해 사랑한다는 말과 함께 격려와 칭찬을 더한다면 그야말로 자녀들은 콩나물이 물을 먹고 무럭무럭 자라나듯이 부모의 사랑을 듬뿍 받으면서 무럭무럭 자라날 것이다. 특히 어린 자녀일수록 자녀를 가운데에 두고 부모가 함께 자녀를 안아 주는 일명 샌드위치 포옹을 해 주게 되면 자녀들은 천하를 얻은 것보다 더 좋아하며 사랑이 넘치는 아이로 자라날 것이다.

14

부모를 존경하게 하라

효도는 부모를 존경하는 마음에서 우러나오는 것이므로 효도 교육에서 가장 중요한 것은 자녀들이 부모를 존경하고 감사하는 마음을 가지게 하는 것이다. 자녀들이 존경하고 신뢰하고 감사하는 마음을 가지게 하는 부모라야 자녀들을 진정으로 행복하고 착하고 공부도 잘하는 아이로 키울 수 있다. 따라서 효자가 되게 한다. 그런 자녀는 마음의 갈등이나 불안이나 문제가 없다.

부모를 존경하지 못하고 부모에게 감사하는 마음이 없는 자녀들은 다음과 같은 특색이 있다는 연구 발표가 있다.

① 공부하기 싫어한다.
② 희망이나 인생의 목적이나 사명감이 없다.
③ 계획성이 없고 생을 아무렇게나 살아 버린다.
④ 돈을 잘 쓸 줄 모른다.
⑤ 나쁜 버릇이 있다.

부모를 존경하지 못하면 자녀의 마음은 혼란과 무질서와 불안정된 상태에 있게 됨을 위의 통계가 알려 주고 있다. 부모를 존경하지 못하면 안정감도 행복감도 가질 수 없게 되고, 생을 아무렇게나 살아 버리게 되는 것이다. 부모를 존경하지 못한 사람이 어떻게 자기애를 가지며 남을 존경할 수 있겠는가?

이러한 사람은 어떤 무책임한 일도 저질러 버린다. 그러므로 자녀에게는 그 어떤 교육보다도 부모 자신이 훌륭한 부모가 되는 것이 가장 우선적이며 중요한 것이다.

어느 초등학교 3학년 학생들에게 어떤 어머니가 싫으냐고 물어보았더니 다음과 같이 대답했다는 통계가 있다.

- 우리 어머니는 성질이 급해서 공부를 잘 못 하면 곧 신경질을 부리고 화를 냅니다.
- 우리 어머니는 잔소리를 많이 합니다. 우리 얼굴만 보면 "공부해라", "숙제는?", "언제까지 텔레비전만 보려느냐?" 등의 말을 합니다.
- 우리 어머니는 우리들의 결함만 들추어서 꾸짖고 칭찬은 하지 않습니다.
- 우리 어머니는 너무 기대를 많이 해서 "일등해라", "만점 맞아라"라고 하고 그렇게 못 하면 야단칩니다.
- "바보", "게으름뱅이", "나쁜 놈" 등의 나쁜 말을 잘 합니다.

- 우리 어머니는 자기가 잘못했을 때는 "미안하다"라는 말을 하지 않으면서 우리들이 잘못했을 때는 "미안합니다"라는 말을 하게 합니다. 또한 우리들이 잘했을 때도 "고맙다"는 말을 하지 않습니다.
- 우리를 이해해 주지 않고 우리들의 인격을 존중하지 않습니다.
- 어머니 마음대로만 하려고 하고 강요합니다.

위의 초등학교 3학년생들을 대상으로 한 설문지 대답의 통계에서 보는 바와 같이 자녀들이 싫어하는 어머니는 자녀들의 입장을 생각지 않고 권위를 내세우고 있다. 즉, 자녀들에게 맞지 않는 높은 수준을 설정해 놓고 그것을 강요하고 잔소리하고 신경질 부리고 결함을 들추어내어 꾸짖고 욕하면서, 자기들은 자녀들에게 인격적인 본을 보이지 않고 자녀들에게만 일방적으로 어떤 행동을 기대하는 어머니들이다. 이러한 전제 간섭형 부모 외에 과보호형, 익애형, 거부형 부모도 불효자식을 만든다.

미국에서 11세 전후의 아동들에게 "어떤 어머니가 제일 좋으냐?"라는 제목으로 25가지 설문을 내어 주고는 그중에서 6가지만 뽑으라고 했더니 다음과 같은 항목을 제일 많이 선택했다.

- 내가 실수했을 때나 어려울 때 어머니와 같이 무슨 이야기도 할

수 있고 앞으로도 모든 것이 다 잘 될 것이라는 확신을 준다.

- 무엇이 나쁜가 옳은가를 알고, 내가 어떻게 행동해야 하는가를 가르쳐 준다.
- 내 잘못을 고쳐 준다.
- 아무리 어머니가 내 잘못을 많이 말해 주더라도 어머니는 내 편이고, 나를 미워하지 않는다.
- 종교에 대해서 상당히 많이 알고 있다.
- 이 세상에 아무도 나를 이해해 줄 사람이 없다 해도 어머니는 나를 이해해 준다.

이 대답에서 드러난 것을 보면 좋은 어머니는 비록 자녀의 잘못을 말해 주고 고쳐 줄지라도 철저하게 자녀 편에 서서 그를 이해하고 사랑해 주는 둘도 없는 친구 같은 사람임을 알 수 있다. 자녀는 어머니의 극진한 사랑을 받고 있기 때문에 어떤 경우에 있어서도 그 누구도 그를 어머니의 사랑에서 끊을 수 없다는 확신을 가지고 있다. 이러한 어머니를 가진 어린이가 이 세상에서 가장 행복한 어린이고 이러한 느낌을 가지게 하는 어머니가 최선의 어머니이다. 이러한 부모가 어찌 자녀들에게 효도를 받지 않을 수 있겠는가?

부모는 자녀를 양육해 주는 부모의 역할, 그를 이해해 주고 이야기의 대상이 되어 주는 친구의 역할, 그리고 그를 가르쳐 주는 선생의 역할을 모두 겸해야 완전한 부모가 될 수 있다.

자녀들의 친구나 교사가 되고 존경을 받기 위해서, 부모는 항상 젊은이처럼 새 시대를 이해하고, 비판할 수 있는 지혜와 지식과 교양을 갖추어야 한다. 날마다 자녀들과 같이 자라고 배우는 영원한 젊은이가 되어야 한다. 만일 부모가 자녀들의 영원한 친구요, 고취자요, 정신적인 지주가 된다면 그 자녀는 얼마나 훌륭한 사람이 되겠는가? 이것이 최대 효의 교육이 아니고 무엇이겠는가?

7남매를 기른 어떤 어머니는 젊을 때부터 노경에 이르기까지 계속적으로 매일 일기를 쓰면서 자신을 반성했다. 살림살이를 하면서도 매일 몇 시간씩 책을 읽고 기도하고 명상하는 시간을 가지고, 또한 자녀들에게도 부지런히 편지로써 격려하고 고취하는 것을 보았다. 그녀의 자녀들은 모두 "우리 어머니같이 훌륭한 분은 없다"고 말하면서 감격하는 것을 보았다. 그 어머니의 감화와 기도로 인해서 자녀들은 모두 남에게 존경받는 훌륭한 사람들이 되었다. 비록 가난했으나 자녀들은 모두 장학금을 받고 자립적으로 공부했으며 지금도 이들은 밝고 아름답고 적극적인 인격으로 많은 사람들을 감화시키고 있다.

15

부모의 기분이 기준이 되어서는 안 된다

부모의 기분 상태에 따라 자녀의 잘못이 어떤 때는 용서가 되고, 어떤 때는 벌을 주게 된다면 아이들은 일찍부터 정신 질환을 가지게 된다.

또, 자신이 고생하고 커 온 그 보상 심리로서 너무 무절제하게 키우지 말라. 부모의 기분이 기준이 되는 것이 아니라 진리가 기준이 되어야 한다.

16

엄중하고, 단호하고, 친절하라

어린이나 청소년은 엄중하고, 단호하고, 친절한 부모를 존경하고 순종한다. 어린이들은 가볍게 보고, 놀리고, 함부로 다루거나 말하고, 신경질 부리고, 잔소리 하는 부모를 가볍게 보고 순종하지 않는다. 부모는 공정함과 위엄과 강함을 보여 주면서 잔인하거나 가혹하지 않고 친절해야 한다. 자녀들은 때로는 '아니다'라고 강하게 자기의 행동을 제지해 주기를 원하는 경우가 있다. 왜냐하면 그는 아직 자신이 하는 일에 옳고 그름에 대한 확신이 없기 때문이다. 그리고 부모가 한 번 '안 된다' 하면 언제나 안 된다는 것을 알게 해야 부모의 말을 신임할 수 있다.

예를 들어 어떤 아이가 저녁에 끓인 팥죽을 보고 "내가 팥죽 싫어하는 것을 알면서 왜 팥죽 끓였어?" 하고 팥죽을 안 먹으려고 했다고 하자. 이때 어머니는 당황해서 "조금만 기다려라. 네가 좋아하는 볶음밥을 만들어 줄 테니까" 하고 볶음밥을 만들어 주었다고 하자.

이 어머니는 팥죽을 먹지 않겠다는 아들의 요청을 거절할 권리가 있음에도 불구하고 거절하지 않고 들어주었다. 이렇게 되면 이 아이는 항상 제 마음대로만 하려는 이기주의자나 혹은 폭군이 되기 쉽다. 아이들이 원하는 것을 무엇이나 다 들어주어서는 안 된다. 이렇게 다 해 주다가 한 번만이라도 잘못해 주면 그는 부모에 대해서 원망하거나 불평불만을 품게 된다.

또 다른 엄마를 보자. 아들이 팥죽을 먹지 않겠다고 했을 때, "먹기 싫으면 안 먹어도 좋다"라고 하며 죽을 주지 않았다. 아마 이 아이는 '한 번만 더 권해 주면 먹을 텐데'라고 생각하며 권해 주기를 바랐을지도 모른다. 그러나 엄마는 결코 권하지 않았다. 나중에 이 아이는 너무 배가 고파서 부엌에 가서 "엄마, 나 배가 고픈데 무엇이나 먹을 것을 좀 주세요"라고 하였다. 이때 어머니는 단호하고 엄중하고 그러나 친절하게 딱 한마디로 "미안하지만 우리 집은 음식점이 아니기 때문에 식사 시간에만 음식을 주기로 되어 있어요"라고 말했다.

신경질 부리고, 잔소리 하고, 야단 칠 필요 없이 이렇게 단호하고 엄중하게, 그리고 침착하게 한마디 말해 두면 된다. 이렇게 하면 아이는 그의 어머니가 한번 말하면 결코 반복하지 않는 분이라는 것을 알게 되고, 다시는 그런 나쁜 행동을 하지 않게 된다.

17

합리적이어야 한다

아이들이 실수했을 때 변명할 기회를 주고 얘기를 들어주어야 한다. 부모가 오해를 했거나 잘못했으면 잘못했다고 솔직히 말해야 한다. 우리의 자녀가 어떻게 크는가를 보면 우리가 자녀에게 무엇을 가르쳤느냐가 그대로 드러난다. 부모의 꾸중, 가르침, 권위가 일관성이 있어야 한다.

18

효도의 본을 보여라

자녀에게 효심을 심어 주기 위해서 부모들이 먼저 효도하는 본을 보여 주는 것이 무엇보다도 중요하다. 장차 자녀들에게 효도받기를 원한다면 반드시 늙으신 부모들을 잘 모시고 봉양하고 공경하는 본을 보여 주어야 한다.

자기를 낳아서 길러 주고 교육시킨 사랑하는 부모를 양로원에 보내는 서양 풍속을 우리는 절대로 따르지 말자. 노인들의 마음을 헤아려 보자. 이들은 얼마나 외롭고 쓸쓸한 생을 보내고 있는지 모른다. 우리는 노인들과 같이 지내는 시간도 가지고 이들과 같이 이야기를 나누면서 이들의 요구를 들어주는 자식이 되어야 우리들이 늙었을 때 그러한 대접을 받을 자격이 있는 것이다.

자녀들에게 할아버지, 할머니를 소중히 여기고 존경하고 이들을 기쁘게 하는 본을 보여 주는 것은 우리들에게 큰 이익을 주는 것이 된다. 단순히 물질로써만 부모를 봉양하는 것은 마치 동물을 우리 속에 넣어 두고 먹이만 먹여서 죽지 않게 하는 것과 다를 바가 무엇이겠는가? 많은 사람들은 이것만이 효도라고 생각한다.

최고의 효도는 부모의 뜻을 이루고 부모를 기쁘게 하는 것이다. 훌륭한 부모일수록 자녀가 훌륭하게 되는 것을 최고의 기쁨으로 삼는다. 이것이 부모를 존경하고 높이는 일이다. 부모보다 더 훌륭한 자녀가 되지 못하면 자녀의 자격이 없고, 자기보다 더 훌륭한 자녀를 만들지 못하는 부모는 부모의 자격이 없다. 그러므로 부모의 뜻을 받들어서 그를 기쁘게 하고 최선의 사람이 되어서 모든 사람의 본이 되는 최고의 효도를 보여 줘라.

어린 자녀들에게 효도의 본을 보여 주기 위해서는 늙으신 부모를 모시지 않으면 안 된다. 친부모가 없으면 처부모라도 모셔서 공경하고 존경하는 본을 보여 주어야 한다. 맏아들만이 부모를 모셔야 할 이유가 없다. 둘째, 셋째, 혹은 딸들도 다 같이 부모를 모시고 어른을 존경하는 본을 보여 주어야 한다.

자녀는 부모의 거울이다. 자녀가 불효자식이 되는 것은 부모의 책임이다. 일찍부터 좋은 본을 보여 줘라.

"어버이 살아 실제 섬김일랑 다하여라. 지나간 후면 애 닳아 어이 하리. 평생에 고쳐 못할 일 이뿐인가 하노라"라는 정철의 시가 생각난다.

저자는 이 기회에 오래 전에 돌아가신 부모님께 최선의 효도를 다해 준 아내에게 고마움을 표현하고 싶다. 철이 없던 나와 결혼한 후 부모님께 성심껏 효도를 다하였을 뿐만 아니라 선친께서 교통사고로 유명을 달리하신 후 홀로 남으신 모친이 당뇨병으로 고생을 하실 때 지극정성으로 어머니를 봉양했던 사랑하는 아내!

저자가 4남 2녀의 막내라서 꼭 저자 부부가 모시지 않았어도 다른 형제들이 모셨겠지만 그래도 저자가 어머님을 모시고 싶다고 하였을 때 아내가 저자보다 더 적극적으로 어머님을 모시려고 하여 결국 어머님을 모시게 되었고, 모시고 살던 당시 저자 부부의 가정 형편이 많이 힘들었는데도 아내는 힘든 내색을 전혀 하지 않고 어머니가 좋아하시던 소고기 곰국을 한 번도 거르지 않고 끓여 드리면서 어머님의 온갖 수발을 다 들어 드렸고, 자식들인 진수와 지혜가 어렸을 때부터 저자 부부가 부모님을 공경하는 모습을 실제적으로 보여 주면서 함께 울고 웃었던 기억들이 새롭다.

결코 짧지 않은 세월을 모셨지만 후일 어머니가 돌아가시자 더 잘 모시지 못하였음을 안타까워하며 통곡하던 아내의 모습을 생각하니 더욱 아내에 대한 감사함이 느껴진다.

19

자녀를 노엽게 하지 말고 훈계하라

자녀들의 부족한 부분에 대하여 부모가 훈계를 하고 꾸중을 하고 타일러야 할 때 감정의 충돌로 자신을 억제하지 못하는 사람이 되지 말아야 할 것이다.

그리고, 부모가 무심코 던진 말이나 행동들로 인해 자녀들이 쉽게 상처받을 수 있다는 것을 명심하여 간단한 말로 주의를 주고 말해야 할 것이 있으면 말하되 대신 차분하고 조용하게 하되 반복해서 호소하거나 장황하게 늘어놓게 되면 자녀들은 귀를 막아 버린다. 그리고 자녀는 부모의 소유물이 아니다. 자녀는 하나님이 부모에게 맡긴 큰 책임이다. 자녀가 실수한 문제에 대하여 부모가 화를 낼 권리가 없다.

20

일관성, 계속성, 동일성의 원리를 사용하라

한 어머니와 자녀가 백화점에 가서 무엇이든지 사 달라고 조르지 말 것을 약속했다. 그런데 백화점에 가 보니 그 어린이가 좋아하는 장난감이 너무 많았다. 이 어린이는 엄마에게 사달라고 조르기 시작하였다. 그때 엄마는 "안 된다. 약속했잖니?"라고 거절했다. 그러나 그는 그것을 너무 가지고 싶어서 큰소리로 울면서 사 달라고 졸랐다. 이때 어머니는 "아이, 창피해서 죽겠다. 오늘만 사 준다"라고 말하고 그것을 사 주었다.

이 '오늘만'이 문제이다. 이러한 예외를 두면 항상 '오늘만'의 예외가 있기 마련이다. 그리고 이 아이가 울 때 엄마가 그것을 사 주었기 때문에 울면 모든 것이 해결된다고 생각하고 그다음에도 똑같은 방법, 즉 우는 방법을 사용하게 된다. 특별한 경우를 제외하고 훈련에는 예외를 두어서는 안 된다.

어느 정신과 의사의 말에 의하면 정신질환자들은 대개 어릴 때 부모를 존경하지 못했으며, 그 부모의 취급 방법은 일관성이 없었다고 했다. 이들은 "우리 아버지는 말로만 사랑하고 실제로는 미워했다", "우리 엄마는 생일을 축하해 준다고 약속하고 생일이 되면 잊어버린다" 등의 말을 했다는 것이다. 이와 같이 일관성이나 일치성 없는 취급을 받으면 마음에 갈등과 불안을 느끼게 된다. 이것이 심하면 결국 정신 질환자가 되거나 범죄자가 되기 쉽다는 것이다.

21

부모를 존경하는 마음을 갖게 만들어라

자녀들이 부모를 생각할 때 부모님은 '말씀하시는 그대로 행하시는 분'이라는 이미지가 절대적으로 필요하다. 자녀들과 약속한 것은 아무리 하찮게 여겨지는 약속이라도 반드시 지키고, 만일 부득이한 사정이 생겨서 약속을 지키지 못하였을 때에는 반드시 자녀에게 약속을 지키지 못해서 미안하다는 진심 어린 사과와 함께 약속을 지키지 못한 이유를 정확하게 해명을 하는 것이 좋을 것이다.

그리고, 부모가 자녀들 앞에서 잘못한 일이 있을 경우에는 부모도 자녀 앞에서 사과를 하라. 아무리 어린 세 살 난 자녀일지라도 반드시 그 자녀 앞에 부모는 사과하고 용서를 구할 것이다. 대개 부모들이 자녀들의 잘못은 엄격하게 문책하고 다루면서 자신들의 잘못에 대하여는 슬그머니 넘기는데 이것은 부모의 인격 문제일 뿐만 아니라 자녀들을 훈계할 자격도 없는 실격 부모다. 마땅히 부모들은 자녀들 앞에서 열 번 잘못한 일이 있으면 열 번 꼬박꼬박 사과와 용서를 구해야 한다.

예를 들어 자녀들 보는 앞에서 부부 싸움을 했다든가 가정의 화평을 깨는 큰소리를 쳤다든가 하는 등등의 잘못에 대하여 반드시 자녀들 앞에서 사과를 해야 한다. 그래야 그 자녀들이 부모의 본을 따라 자기도 잘못을 정직하게 고백할 줄 알게 되고 또 부모를 진심으로 존경하게 되며, 가정은 공의와 사랑이 입 맞추는 행복한 가정이 된다.

22

부모의 권위를 보여 줘라

부모는 자녀의 친구도 되어야 하지만 부모로서의 권위와 위엄과 강함을 보여 주어야 자녀가 존경하고 순종한다. 자녀는 부모의 지배력과 지도력이 든든하고 확고할 때 안심하고 부모를 따르고 순종하게 된다. 특히 가정에서는 아버지의 존재가 권위 있어야 한다.

유대인의 가정에서는 아버지가 앉는 의자가 따로 있다고 한다. 이 의자는 아버지의 권위를 상징하는 의자이며, 아무도 그 의자에 앉을 수 없다고 한다. 유대의 아버지는 자녀 교육에 대한 임무를 충분히 감당한다고 한다. 일요일이 되면 자녀들과 같이 대화를 나누고, 탈무드를 가르치고, 학교 공부도 같이 하고, 같이 즐긴다고 한다.

권위 있는 부모는 자녀들 앞에서 그들의 언행에 신중을 기해야 한다. 언행이 일치하지 못하고, 진실하지 못하며, 잔소리, 설교, 위협, 꾸중 등을 지나치게 하면 부모의 권위는 없어진다. 아이들 앞에서 잘 울거나 지나친 칭찬을 하는 것도 금물이다. 크게 잘못하지 않았는데도 아이들에게 잘못했다는 말을 함부로 하면 부모의 위신을 상실하는 것이 된다. 예를 들면 어머니가 바빠서 유치원에 자녀를 데리러 가는 시간이 좀 늦었다 해서 아이에게 "미안해요. 엄마가 잘못했어. 정말 미안해. 용서해라" 등의 말을 하는 경우이다. 또한 부모의 의복이 너무 남루하거나 혹은 지나치게 화장을 하거나 화려한 의복을 입는 것도 자녀의 눈에는 권위가 없어 보인다고 한다. 권위 있는 말은 정당한 말, 아이의 행동을 잘 이해하고 깊이 생각해서 하는 신중한 말이다. 변덕스러운 언행, 큰소리로 위협하고는 그 말대로 실행하지 않는 경망스러운 언행은 삼가야 한다.

엄한 훈련과 권위의 이면에는 깊은 애정이 있어야 한다. 하버드 대학의 그루크 박사는 비행 청소년들의 범죄의 원인을 연구하여 발표했다. 잘못을 저지르는 소년의 대부분은 부모의 애정을 느끼지 못할 정도로 엄격하게 다루어진 경우나 익애형(溺愛型: 흠뻑 빠져 지나치게 사랑하거나 귀여워하는 유형) 부모의 가정에서 자란 경우였다고 한다. 반면에 엄하면서도 애정이 깊은 부모를 가진 소년들은 범죄율이 낮았다고 한다.

23

선의의 거짓말도 하지 말라

많은 부모들, 특히나 엄마들이 자녀들 앞에서 선의의 거짓말들을 많이 하는데 예를 들어 친구 집에나 시장에나 어디를 갈 때에 아이를 떼어놓고 가면서 애당초 오후 늦게나 저녁때에 돌아오려고 생각하면서도 아이보고는 말하기를, "엄마 금방 다녀올게. 집에서 조금만 기다려, 응?" 해 놓고 저녁에 다 늦게서야 돌아오는 야속한 엄마, 또 아이들 피부에 헌데가 나서 곪았으므로 따고 짜내야 할 경우 "얘, 짜자. 하나도 안 아파" 해 놓고 힘껏 아프게 짜내는 야속한 엄마나 아빠, 쓰디쓴 약을 먹일 경우 "얘, 하나도 안 써" 해 놓고 쓰디쓴 약을 입 안 깊숙이 퍼 넣는 부모, 천진한 눈동자와 마음을 가진 아이들의 가슴속에 얼마나 깊고 큰 상처와 충격인가? 이 티없이 순진한 아이들이 유일하게 믿고 따랐던 부모가 이토록 자기를 속이고 기만한 것을 알고 난 천진한 어린 천사들의 마음의 상처는 얼마나 깊고 크겠는가? 모든 부모들은 깊이 뉘우치고 이제라도 당장 그 자녀들 앞에 과거의 잘못들을 뉘우치고 용서를 구하여야 할 것이다.

이러한 부모에게 수없이 속고 속으면서 자라난 순진한 자녀들은 어느새 자기도 모르는 속임과 기만에 능숙한 자가 되는 것이다. 그리하여 커서는 부모와 이웃을 능숙하게 속이는 자가 될 뿐 아니라 드디어는 사회의 대사기꾼이 된다. 이렇게 되면 그 부모들은 그 아들을 보고 "저놈이 누구를 닮아서 저런 자식이 태어났는지 모르겠다"고 자식을 원망한다. 기가 막힌 일이다. 티 없는 어린 천사의 천진한 가슴에 젖먹이 때부터 다 크기까지 거짓말과 기만술을 가르쳐 놓은 사람이 누구인데 이제 와서 부모 때문에 교도소에 불쌍하게 갇혀 있는 죄 없는 아들을 비난하는 것이다.

아, 무서운 부모의 잘못으로 희생당한 자녀들이 세상에 얼마나 많은가! 이 책을 읽는 모든 부모들이여! 어떠한 경우에라도 선의의 거짓말도 하지 말 것이요, 그런 일이 있었다면 지금 당장 자녀 앞에 사과하여 용서를 구할 것이다. 거짓말에 무슨 선의가 있고 악의가 있단 말인가? 거짓말은 어디까지나 거짓말이고 진실은 어디까지나 진실이 아니겠는가?

시장이나 친구 집에 가서 늦게 저녁때 돌아올 경우에 기다리는 어린 가슴에 분명히 저녁때 늦게 돌아오겠다고 약속해 줄 것이요, 헌데가 곪았으면 "얘, 아파도 잠시 아프고 빨리 낫는 것이 오래 두고 앓는 것보다 낫단다. 좀 아파도 참아라" 할 것이요, 쓴 약을 먹일 경우 "얘, 잠시 써도 오래 병으로 고생하는 것보다 낫단다. 써도 꾹 참고 먹자꾸나" 이렇게 정직하게 길러서 자녀가 마음 놓고 믿을 수 있는 부모가 되도록 하자.

자녀들은 부모의 반사경이라는 것을 잊지 말기 바란다. 자녀는 부모를 믿고 부모는 자녀를 믿을 수 있는 행복한 가정이 되도록 하자.

1) 자녀 훈계의 10가지 묘안

① 자녀를 서로 비교하지 말라. 지나친 기대는 금물이다.
② 약점을 놀리거나 비웃지 말라.
③ 뇌물과 보상을 사용하지 말라.
④ '자녀에 대한 사랑'을 조건으로 협박하지 말라.
⑤ 'NO'라고 말하는 것을 두려워하지 말라.
⑥ 순종하기를 권하고 그들이 순종할 것을 믿어라.
⑦ 더 나은 행동을 하도록 도와라.
⑧ 자녀가 스스로의 견해를 표현하도록 하라.
⑨ 부모의 실수를 인정하라.
⑩ 징계는 장기전임을 명심하라.

2) 대표적으로 잘못된 자녀 교육 10가지

(1) 어린아이 때부터 갖고 싶어 하는 것은 모두 다 주어라

그러면 어린아이는 이 세상 모든 것이 자기의 것이 될 수 있다고 오해하면서 자랄 것이다.

(2) 아이가 나쁜 말을 쓰면 그냥 웃어 넘겨라

자기가 재치 있는 줄 알고 더욱 악한 말과 생각에 깊어질 것이다.

(3) 아무런 교훈과 교육도 주지 마라

경건치 못한 삶을 살 것이다.

(4) 잘못된 품행을 책망치 말고 그냥 두어라

남에 대한 배려나 질서 의식 없이 제멋대로 행동할 것이다.

(5) 아이가 치우지 않은 옷, 신발 등을 모두 정돈해 주어라

자기의 책임을 다른 사람에게 미루는 사람이 될 것이다.

(6) TV 프로그램이나 책, 그림 등 무엇이든 자기 마음대로 보고 읽게 하라

그의 마음이 쓰레기통이 될 것이다.

(7) 아이들 앞에서 부부나 가족들이 자주 싸워라

훗날 가정이 깨어져도 눈 하나 깜짝 안 할 것이다.

(8) 달라고 하는 용돈을 듬뿍 줘라

살아가는 태도가 쉽게 타락의 길로 인도할 것이다.

(9) 먹고 싶은 것, 좋다고 하는 것은 다 먹이고 사 주어라

훗날 한 번의 거절이 그를 쉽게 낭패하는 사람으로 만들 것이다.

(10) 아이가 남과 싸울 경우 언제나 아이의 편이 되어 줘라

항상 자기만이 옳다는 생각으로 어디서나 환영받지 못하는 사람이 될 것이다.

3) 부모 역할에 실패하기 쉬운 10가지 타입

① 악법도 법이라며 자식에게 무조건 군림하는 타입

② 사랑이란 이름으로 자식을 조정하는 타입

③ 돈으로 모든 것을 해결하려는 타입

④ 형제끼리 비교해서 경쟁심을 조장하려는 타입

⑤ 언제나 완벽주의를 강요하는 타입

⑥ 자식에게 경쟁의식을 느끼는 타입

⑦ 자녀에게 무조건 쩔쩔매는 타입

⑧ 굴욕감을 자초하는 타입

⑨ 자녀에게 무관심해 방임하는 타입

⑩ 조기 교육을 맹신하는 타입

5) 지혜로운 아이로 기르는 법

만약 당신이 살아남고 싶다면 먹는 것이나 마시는 것이나 즐기는 것으로, 혹은 일을 하는 것만으로는 가능하지 않다. 오직 지혜를 가질 때에만 살아남을 수 있다.

① 남보다 뛰어난 아이보다 남과 다른 아이로 길러라.

② 잘 듣는 것보다 잘 말하는 것이 더 중요하다.

③ 매사에 두뇌를 활용하도록 가르쳐라.

④ 지혜는 모든 것의 뿌리이다.

⑤ 공부는 꿀처럼 달콤한 것!

⑥ 스스로 선택할 수 있도록 이끌어 주어라.

⑦ 아버지의 권위는 아이들의 정신적 기둥이다.

⑧ 공부하는 자세는 부모에게서 보고 배운다.

⑨ 일평생 배우는 일을 중단하지 말라.
⑩ 아이가 상상할 수 있는 범위를 넘어서지 말라.
⑪ 추상적 사고는 신에 대한 생각에서 싹튼다.
⑫ 때로는 어머니의 과보호가 아이의 독창성을 발굴한다.
⑬ 형제들을 서로 비교하지 말라.
⑭ 갓난아이 때부터 많은 외국어에 접하게 하라.
⑮ 우화를 통해 스스로 생각하는 능력을 길러 준다.
⑯ 교육 환경에 세심한 주의를 기울여라.
⑰ 아이가 잠들기 전에 책 읽어주는 습관을 들여라.

6) 마음이 따뜻한 아이로 기르는 법

'세상은 배움과 일 그리고 자선을 기반으로 설립되어 있다'. 아무리 많이 배우고 일을 잘한다 할지라도 자선을 잊는다면 세상이 제대로 이루어져 갈 수 없다. 어려운 이웃을 돕는 자선은 아이들에게 어릴 때부터 가르쳐야 하는 사회 교육이다.

① 벌을 주고 난 후에는 꼭 안아주어라.
② 좋은 마음으로 하루를 마감하도록 도와주어야 한다.
③ 어린아이에게 맞는 생각과 생활을 가르쳐야 한다.

④ 부모와 자녀의 역할은 죽을 때까지 지속된다.

⑤ 부모는 가정교육에 절대성을 가진다.

⑥ 이름을 통해 민족의식과 가족의 결속을 다진다.

⑦ 휴일을 자녀와 함께 보내는 아버지가 되라.

⑧ 대가족제도를 통해 많은 것을 듣고 배운다.

⑨ 배울 점이 있는 친구를 선택하게 하라.

⑩ 자녀들은 자녀들끼리, 부모들은 부모들끼리 우정을 나눈다.

⑪ 아기를 데리고 남의 집을 방문하지 않는다.

⑫ 친절 교육이 지혜로운 아이를 만든다.

⑬ 자선을 통해 사회 속에 융화된다.

⑭ 돈으로 선물을 대신할 수 없다.

7) 건강한 아이로 기르는 법

식사를 즐거운 마음으로 천천히 하는 것이 건강의 비결이고, 식탁에서 감사하는 것은 자신의 생명을 소중히 여기는 것과 일맥상통한다.

① 식탁에서 감사하는 마음을 기른다.

② 성에 관한 질문에는 사실을 간단하게 답해준다.

③ 남녀의 성별은 어렸을 때부터 자각시킨다.

④ 텔레비전의 허구성에 대해 깨닫게 하라.

⑤ 공상보다 사실을 가르칠 때 건전한 상상력을 키울 수 있다.

8) 의로운 아이로 기르는 법

선과 악은 동전의 앞뒤와 같이 언제나 상반된다. 우리는 매사에 그것이 어느 쪽인지 판단하여 자녀들에게 전함으로써 올바른 가치 기준을 만들어 주어야 한다.

① 자녀에게 선악의 기준을 가르쳐라.

② 때로는 침묵으로 자녀를 벌하라.

③ 아이들의 잘못에 대해 분명한 태도를 취하라.

④ 부모가 신념을 가지고 체벌할 때 자녀가 올바로 자란다.

⑤ 시간을 효율적으로 사용하도록 가르쳐라.

⑥ 식사 시간에 다른 오락거리를 끌어들여서는 안 된다.

⑦ 어린아이를 데리고 외식하지 않는다.

⑧ 아이가 한 살이 되기 전에는 식탁에 참여시키지 않는다.

⑨ 편식하지 않고 많이 먹게 한다.

⑩ 청결한 몸은 위생뿐만 아니라 종교적으로도 의미가 있다.

⑪ 용돈을 올바르게 사용하도록 가르쳐라.

9) 정치 명문가 케네디 가의 자녀 교육 10훈

(가난을 이겨내고 대대로 정치 명문가를 꿈꾸는 부모들에게)

① 아이의 육아일기와 독서록을 만들며 철저하게 점검한다.

② 시간 약속을 지키는 습관을 길러준다.

③ 아버지는 사업상 일어난 일들을 아이들에게 자주 들려준다.

④ 밥을 먹으면서 자연스럽게 토론할 수 있는 분위기를 만든다.

⑤ '일등을 하면 무시당하지 않는다'는 세상의 법칙을 가르친다.

⑥ 어려움에 처할 때는 아이의 편에 서서 해결해 준다.

⑦ 명문 대학에 진학해 최고의 인맥 네트워크를 쌓게 한다.

⑧ 처음에는 서툴러도 열심히 반복하면 최고가 될 수 있다고 가르친다.

⑨ 목표는 크게 정하되 서둘지 말고 단계적으로 실현하도록 지도한다.

⑩ 부모 형제끼리 화합하고 서로 자기 일처럼 챙기게 한다.

10) 스웨덴의 '경주 최부자집' 발렌베리 가의 자녀 교육 10훈

(자녀를 존경받는 부자나 CEO로 키우고 싶은 부모들에게)

① 해군 장교로 복무하여 강인한 정신력을 기르도록 한다.
② 명문대와 세계적인 기업에서 넓은 안목을 기른다.
③ 국제적인 인맥 네트워크를 만든다.
④ 대대로 내려오는 원칙을 공유하고 중시한다.
⑤ 돈은 번 만큼 사회에 돌려주는 것이 당연하다.
⑥ 일요일 아침마다 자녀들과 산책을 하며 함께 시간을 보낸다.
⑦ 형제간 옷을 대물림하며 검소한 생활을 몸에 익힌다.
⑧ 결코 튀지 않게 행동한다.
⑨ 할아버지가 손자의 스승이 되어 지혜를 전한다(격대교육).
⑩ 후계자가 되려면 먼저 애국심을 갖춰야 한다.

11) 시애틀의 은행 명문가 게이츠 가의 자녀 교육 10훈

(자녀를 제2, 제3의 빌 게이츠로 키우고 싶은 부모들에게)

① 큰돈을 물려주면 결코 창의적인 아이가 되지 못한다.
② 부모가 나서서 아이의 인맥 네트워크를 넓혀 준다.
③ 단점을 보완해 주고 뜻이 통하는 친구를 사귄다.

④ 어릴 때에는 공상과학 소설(영화)을 많이 접한다.

⑤ 어머니의 선물이 때로는 아이의 인생을 바꾼다.

⑥ 신문을 보며 세상 보는 안목과 관심 분야를 넓힌다.

⑦ 부잣집 아이라고 결코 곱게 키우지 않는다.

⑧ 기회가 왔을 때 머뭇거리지 말고 과감하게 도전한다.

⑨ 어린 시절의 다양한 경험은 자라서 든든한 사업 밑천이 된다.

⑩ 부모가 자선에 앞장서면 아이들은 자연스럽게 본을 받는다.

12) 유대인 최고 명문가 로스차일드 가의 자녀 교육 10훈

(자녀들이 서로 화합해 부자가 되기를 바라는 부모들에게)

① 형제 간 화합과 가족 간 결속의 전통을 중시한다.

② 돈을 좇지 않고 먼저 좋은 인간관계를 만든다.

③ 돈에 대한 부정적인 생각을 갖지 않도록 가르친다.

④ '정보=돈', 어릴 때부터 정보의 중요성을 알게 한다.

⑤ 수집하는 취미를 대대로 물려준다.

⑥ 재물에 대한 지나친 욕심을 경계한다.

⑦ '아들이 아니면 사업에 관여하지 않는다'는 원칙을 지킨다.

⑧ 형제간의 화합을 강조한 '다섯 개 화살'의 교훈을 잊지 않는다.

⑨ 기부와 자선의 전통을 대대로 실천한다.

⑩ 유대인끼리는 서로 도움을 주고받으며 사업한다.

13) 천하제일의 가문 공자 가의 자녀 교육 10훈

(가난한 삶을 위로받고 자녀 교육에 용기를 얻고 싶은 부모들에게)

① 가난하다고 결코 환경을 탓하지 않는다.
② 어려운 상황에서도 어머니가 열성적으로 자녀 교육에 나선다.
③ 큰 인물일수록 혼자 공부하고 깨우쳤음을 명심한다.
④ 실패했다고 좌절하지 말고 늘 청년처럼 도전정신으로 무장한다.
⑤ 긴 여행을 통해 세상 속에서 자신을 시험하고 단련한다.
⑥ 누구든지 똑똑한 사람이면 스승으로 삼는다.
⑦ 자신과 뜻을 같이하는 사람을 키운다.
⑧ 아이는 직접 가르치지 않고 공부를 잘하고 있는지만 점검한다.
⑨ 인간적인 약점이 때로는 더 큰 인물을 만들 수 있다.
⑩ 질문이 많이 하는 공부 습관을 갖게 한다.

14) 노벨상의 명문가 퀴리 가의 자녀 교육 10훈

(아이를 훌륭한 과학자로 키우고 싶은 부모들에게)

① 학교에서 공부하지 않아도 훌륭한 사람이 될 수 있다.

② 평등부부의 정신을 실천하는 것 또한 훌륭한 자녀 교육이다.

③ 자연 속에서 과학에 대한 탐구심을 갖도록 가르친다.

④ 아버지가 가정교사이자 멘토 역할을 한다.

⑤ 할아버지가 손녀를 가르치며 '격대 교육'을 한다.

⑥ 맞벌이를 하더라도 아이와 신뢰 쌓기를 게을리하지 않는다.

⑦ 어머니가 주도해 '품앗이 교육'을 한다.

⑧ 스스로 자립하는 것을 당연하게 여기도록 한다.

⑨ 과학자를 대물림하도록 절대 강요하지 않는다.

⑩ 학문에서도 궁합이 잘 맞는 배우자를 찾는다.

15) 과학 명문가 다윈 가의 자녀 교육 10훈

(대대로 헌신할 수 있는 가업을 만들어 주고 싶은 부모들에게)

① 아버지가 아이의 인생 스승으로서 멘토 역할을 한다.

② 늘 음악적이고 유쾌한 가정 분위기를 만든다.

③ 여행을 통해 인생의 전환점을 만들어 준다.

④ 적성에 맞지 않으면 끝까지 강요하지 않는다.
⑤ 아이가 학자로서의 비전이 보이면 힘닿는 데까지 후원한다.
⑥ 비판자가 많을 때는 시간을 두고 설득하는 방법을 쓴다.
⑦ 모임을 결성해 소중한 인연을 만들어 간다.
⑧ 대를 이어 열정을 바칠 수 있는 가업이나 가학을 만든다.
⑨ 하루 일과 계획표는 철저하게 짜서 실천하도록 노력한다.
⑩ 새로운 인생의 길을 열어주는 스승이나 친구를 만들어 준다.

16) 인도의 교육 명문가 타고르 가의 자녀 교육 10훈

(자녀가 학교에 잘 적응하지 못해 고민하는 부모들에게)

① 집안에 문화의 향기가 가득 차게 한다.
② 독서를 통해 학교에서 배우지 못한 것을 보완해 준다.
③ 학교에 적응하지 못할 경우에는 대안 교육을 찾는다.
④ 가정교사를 두고 재능을 다양하고 개발해 준다.
⑤ 아이에게 지갑을 맡기면서 경제 교육을 한다.
⑥ 다른 종교에 대한 편견을 없애 준다.
⑦ 부자가 되면 문화 예술을 후원한다.
⑧ 자녀와 함께 대자연 속에서 여행하며 상상력을 키워 준다.
⑨ 여행을 가서도 마냥 놀게 하지 말고 계획을 세워 가르친다.

⑩ 음악과 미술은 어릴 때부터 자주 접하게 한다.

17) 러시아의 600년 명문가 톨스토이 가의 자녀 교육 10훈

(일기 쓰기 등 좋은 습관을 자녀와 함께 실천하고 싶은 부모들에게)

① 매일 일기를 쓰며 반성하고 다짐하고 계획한다.

② 철저하게 계획표를 짜고 실천하도록 노력한다.

③ 온 가족이 평생 일기 쓰는 습관을 갖는다.

④ 어릴 때부터 책을 큰 소리로 읽는다.

⑤ 음악과 미술에 대한 재능은 의도적으로 계발해야 한다.

⑥ 재능이 보이면 가정교사를 활용해 재능을 계발해 준다.

⑦ 외국어 공부는 현지인 가정교사에게 배운다.

⑧ 아이가 어릴 때는 자주 같이 놀며 동화를 들려준다.

⑨ 선조들에 대해 이야기하며 가문의 자긍심을 심어준다.

⑩ 어려운 이웃들을 돕는 데 앞장선다.

18) 영국의 600년 명문가 러셀 가의 자녀 교육 10훈

(진보적이고 자유로운 가풍을 물려주고 싶은 부모들에게)

① 지나치게 엄격하고 금욕적인 교육은 좋지 않다.

② 규칙적인 시간 관리가 평생 이어지도록 한다.

③ 특정 종교를 강요하지 않는다.

④ 자유로운 진보주의 정신을 대물림한다.

⑤ 자유가 있으면 책임과 의무도 다해야 한다.

⑥ 자신을 사로잡는 목표에 열정을 다 바쳐 매진한다.

⑦ 진리라고 생각되면 불이익을 두려워하지 않는다.

⑧ 혼자 고립되지 말고 세상 속에서 행복을 찾는다.

⑨ 가능하면 편지 쓰는 습관을 갖는다.

⑩ 일류 부모에게서 일류 아이가 나온다.

19) 당신의 잠재력을 극대화하는 7가지 단계

(1) 비전을 키워라

마음에 품지 않은 복은 절대 현실로 나타나지 않는다.

(2) 건강한 자아상을 일궈라

자신을 행복한 승자로 여기는 사람은 인생의 거친 파도를 이겨 낸다.

(3) 생각과 말의 힘을 발견하라

말과 생각에는 엄청난 창조의 힘이 있다.

(4) 과거의 망령에서 벗어나라

마음의 실타래를 풀지 않으면 행복은 찾아오지 않는다.

(5) 역경을 통해 강점을 찾으라

우리는 선한 싸움을 싸우면서 점점 더 강해진다.

(6) 베푸는 삶의 즐거움을 누리라

베푸는 행위는 하나님의 은혜를 저장해 놓는 것이다.

(7) 행복하기를 선택하라

눈과 가슴과 얼굴에 열정을 가득 품고 살면 행복은 이미 나의 것이다.

20) 20대에 하지 않으면 안 될 50가지

① 신문과 잡지의 두 줄짜리 구인 광고를 주목하라.

② 선거운동원이 되어 정신없이 뛰어 보라.

③ 아무도 청탁하지 않는 일에 매달려 보라.

④ 하고 싶은 일을 분명히 정하라.

⑤ 10개 이상의 자격증에 도전하라.

⑥ 원하는 인생의 모델을 찾아라.

⑦ 정상에 있는 사람과 만나 보려 시도하라.

⑧ 현장에서 먼지에 덮인 아침밥을 먹어 보라.

⑨ 10년을 투자해야 이룰 수 있는 일을 시작하라.

⑩ 극장에서 안내원 아르바이트를 해 보라.

⑪ 인생의 시간표를 작성하라.

⑫ 부모와 함께 여행을 떠나 보라.

⑬ 혼자만의 노래를 만들어라.

⑭ 음지 식물의 강건함을 배워라.

⑮ 100권의 책을 1년 목표로 독파하라.

⑯ 전자제품 하나를 완전 분해해 보라.

⑰ 하루에 원고지 한 장을 채워라.

⑱ 가능한 한 많은 나라에서 똥을 누어 보라.

⑲ 외국인과의 대화에는 언제나 용감하라.

⑳ 자신의 무례함을 매일 밤 반성하라.

㉑ 자신의 감정에 솔직하라.

㉒ 뱀의 이빨처럼 날카로워라.

㉓ 사흘마다 작심삼일을 반복하라.

㉔ 사소한 것의 중요성을 잊지 말라.

㉕ 가슴이 찢어지는 듯한 사랑에 빠져 보라.

㉖ 자신의 꿈 앞에서 항상 눈을 번쩍 떠라.

㉗ 마음의 샤워를 즐기는 법을 익혀라.

㉘ 불행한 자들의 후원자가 되어 보라.

㉙ 기력의 완전한 탕진을 경험하라.

㉚ 성경책을 완전히 독파하라.

㉛ 평생의 친구를 찾아라.

㉜ 팽팽한 긴장의 순간을 즐겨라.

㉝ 틀려도 좋으니 당신 생각을 말하라.

㉞ 평생 건강의 뼈대를 세워라.

㉟ 가슴이 터질 듯한 불안을 사랑하라.

㊱ 유비무환의 정신을 일상화하라.

㊲ 주제 파악은 처음부터 무시하라.

㊳ 궁지에 몰릴 때까지 손을 뻗어라.

㊴ 자기만의 칼을 준비하라.

㊵ 뒤뜰에 한 그루 나무를 심어라.

㊶ 두려움을 주는, 그런 사람을 만나라.

㊷ 당신을 침묵케 하는 사람을 만나라.

㊸ 삶의 목표에 관한 한 불효자가 되어라.

㊹ 10년 후의 나와 대화해 보라.

㊺ 가장 위험한 작업 현장에 가 보라.

㊻ 혼자만의 시간을 따로 두어라.

㊼ 자기만의 사전을 만들어라.

㊽ 자신의 체력 한계에 도전해 보라.

㊾ 기본기에 충실한 선수가 되어라.

㊿ '반드시 해야 할 50가지'를 스스로 정하라.

21) 자녀에게는 가능성이 있습니다

① 꿈을 심어 줍시다.

② 훌륭한 본보기가 됩시다.

③ 애정을 길러 줍시다.

④ 행복한 가정을 만듭시다.

⑤ 위대한 어머니가 됩시다.

⑥ 훌륭한 아버지가 됩시다.

⑦ 태교부터 시작합시다.

⑧ 조기 교육을 합시다.

⑨ 자신이 되게 합시다.

⑩ 어린이를 존경합시다.

⑪ 자유를 누리게 합시다.

⑫ 용납합시다.

⑬ 남녀 차별을 하지 맙시다.

⑭ 감사하게 합시다.

⑮ 믿고 기대합시다.

⑯ 인정하고 칭찬합시다.

⑰ 최선을 발견합시다.

⑱ 올바르게 훈련시킵시다.

⑲ 사랑으로 훈련시킵시다.

⑳ 어린이를 용서합시다.

㉑ 청소년을 이해합시다.

㉒ 청소년을 사랑합시다.

㉓ 독립심, 주체성, 창조성을 길러 줍시다.

㉔ 최선의 국민을 만듭시다.

㉕ 효심을 길러 줍시다.

㉖ 애국심을 길러 줍시다.

㉗ 종교 교육을 합시다.

22) 청소년에게 자신감과 추진력을 심어 주는 마법의 이미지 트레이닝

① 너의 빛을 울타리 안에 가두지 마라.

② 미운 오리새끼는 자기 둥지를 찾지 못한 것뿐이다.

③ 아름다운 '생각의 알'을 품어라.

④ 네 미래의 문을 당당하게 열어 나가라.

⑤ 네 안에는 왕자와 거지가 함께 살고 있다.

⑥ 호기심을 죽이는 것은 너의 미래를 죽이는 일이다.

⑦ 튼튼하고 뿌리 깊은 나무가 되어라.

⑧ 역사상 모든 위대한 일은 '지금' 이루어졌다.

⑨ 힘이 들 때는 눈앞의 5분만 생각하라.

⑩ 아침 햇살의 밝은 기운으로 너를 채워라.

⑪ 너 자신을 칭찬하고 격려하라.

⑫ 마음의 안정을 얻을 수 있는 방법을 찾아라.

⑬ 너만의 '신성한 시간'을 가져라.

⑭ 내가 바라는 것을 담은 선언문을 만들어라.

⑮ 기억의 열쇠는 네 안에 있다는 것을 잊지 마라.

⑯ 날마다 좋아지고 있다고 암시하라.

⑰ 네 인생의 열쇠는 네가 쥐고 있다.

⑱ 네게 일어나는 일은 온전히 너의 책임이다.

⑲ 부분에 사로잡히지 말고 전체 그림을 그려라.

⑳ 호랑이를 잡으려면 호랑이굴에 들어가라.

㉑ 집중했을 때 더 큰 힘이 발휘된다.

㉒ 화를 지켜볼 수 있는 여유를 가져라.

㉓ 때로는 달려가는 일을 멈추고 쉴 줄도 알아야 한다.

㉔ 채우는 만큼 비우는 연습을 하라.

㉕ 눈에 보이지 않는 진짜 열매를 거둬라.

㉖ 우리 모두가 '작은 신'들인지도 모른다.

㉗ 나는 자연 안에 있고, 자연은 내 안에 있다.

23) 스트레스 자가 측정

미국 YMCA가 개발한 '웰니스(Wellness)'라는 건강 프로그램에 따르면, 다음의 20개 항목이 스트레스가 쌓였을 때 자주 나타나는 징후라고 한다. 자신에게 해당하는 항목에 체크해 보자. 체크한 항목이 0~6개면 심신 및 건강 상태는 양호한 편이다. 7~15개일 경우는 몸의 컨디션이 무너질 우려가 있으므로 그대로 방치해선 안 된다. 16개 이상이면 전문가와 상담해야 한다.

다음 스트레스 자가 진단 항목에 체크해 보자.

① 재미있는 일이 있어도 즐길 수 없다. □

② 커피, 담배, 술 등이 늘어나고 있다. □

③ 쓸데없는 일에 자꾸 마음이 쏠린다. □

④ 매사에 집중할 수 없는 일이 자꾸 생긴다. □

⑤ 아찔할 때가 있다. □

⑥ 타인의 행복을 부러워한다. □

⑦ 기다리는 것을 참지 못할 때가 있다. □

⑧ 금세 욱 하거나 신경질적이 된다. □

⑨ 잠이 깊이 안 들고 도중에 깰 때가 있다. □

⑩ 때때로 머리가 아프기도 한다. □

⑪ 잠들기가 힘들다. □

⑫ 식욕에 이상이 있다. □

⑬ 등, 목덜미가 쉽게 아프거나 결린다. □

⑭ 쉽게 피로하고 피로감이 심하다. □

⑮ 이전에 비해 자신감이 떨어진다. □

⑯ 타인이 자신에 대한 말을 하지 않을까 두렵다. □

⑰ 사소한 일에도 가슴이 두근거린다. □

⑱ 나쁜 일이 생기지 않을까 불안하다. □

⑲ 타인에게 의지하고 싶은 마음이 간절해진다. □

⑳ 나는 이제 틀렸다는 생각이 든다. □

24
순종하게 하라

학자들의 연구에 의하면 자녀가 부모를 순종하지 않는 가장 큰 원인은 부모를 존경하지 못하는 것이라고 한다. 가령 아버지가 아이들 앞에서 어머니를 꾸짖거나 잘못을 말한다든지, 어머니가 아이들 듣는 데서 아버지에 대하여 불평하고 나무라는 것이 부모를 존경하지 못하게 되는 가장 큰 원인이라고 한다.

그러면 어떻게 하면 자녀들을 순종하게 할 수 있나 좀 더 구체적으로 알아보자.

1) 반드시 필요한 일 외에는 명령하지 마라

아침부터 저녁까지 "해라", "하지 마라"는 명령을 연발하면 어린이들은 부모의 지시는 별로 중요하지 않다고 생각하고 순종을 잘 하지 않게 된다.

2) 될 수 있으면 명령하는 이유를 설명하라

부모가 합당한 이유 없이는 명령하지 않는다는 것을 어린이가 알게 되면 명령의 이유를 말하지 않을 때도 명령에 잘 순종하게 된다.

3) 명령할 때는 조심스러운 어조로 하라

"싫든지 좋든지 간에 너는 순종하지 않으면 안 된다"라는 식으로 말하지 말아야 한다. 이렇게 되면 특히 독립심과 자존심이 강한 청소년들에게는 반발심을 사게 된다. 침착하고 친절한 태도로 말하고, 가능하면 명령보다 의뢰하는 형식을 취하면 더 인격적으로 취급하는 것이 된다. 예를 들면, "오늘은 엄마가 몹시 바쁘니까, 집 청소를 좀 거들어 주면 퍽 고맙겠다"라는 식으로 말해야 한다는 것이다.

4) 순종할 만한 시간적 여유를 줘라

어린이에게 5분, 혹은 10분 후에 저녁 식사를 한다고 미리 말해 두는 것이다.

5) 어린 아이들은 말로 하는 것보다 신호하는 것에 더 기쁘게 응할 수 있다

어떤 가정의 부모는 자동차의 뚜뚜 하는 소리에 자녀들이 더 좋은 반응을 보였다고 한다.

6) 으레 순종하리라고 기대하라

"나는 네가 말을 듣지 않을 줄 알았다"라는 식으로 순종하지 않을 것을 예상한다면 당연히 순종하지 않을 것이다. 그리고 순종하지 않으면 벌준다는 말을 해서 벌이 무서워서 순종하도록 하는 것은 좋지 않다. 벌이 무서워서 순종하는 것이 아니고 부모를 기쁘게 하기 위해서 순종한다는 마음을 가질 수 있도록 해야 한다.

25

일하기 싫어하거든 먹지도 말게 하라

역사상 그 어느 때보다도 요즈음 우리 세대에 게으른 청소년들이 많은 것 같다. 엄마가 청소를 하고 있는데 십대의 아들이 낮잠자고 있는 것은 흔한 일이다. 아르바이트를 하지 않고도 대학교를 졸업하는 것은 예외라기보다 기본 원칙이다. 한 학기에 18학점을 수강하면서도 아르바이트할 시간을 못 내는 대학생이 허다하다.

최근 어떤 부모는 스물일곱 살 된 아들을 더 이상 부양할 수 없어서 이젠 직업을 가지라고 설득하였다. 그는 8년간 대학을 다녔는데도 졸업을 못하였다. 부모로서 얼마나 못할 일인가. 자녀들은 나이를 먹었지만 아직 미성숙하고, 삶을 개척할 준비가 안 되어 있으며, 극도로 나태하다. 자녀에게 일하는 것을 가르치는 것은 부모의 의무이다.

1) 아들에 대한 교육

아들에게는 집 안 수리하는 일을 가르쳐야 한다. 요즈음 수리공을 불러 쓰는 비용은 막대하여, 신혼부부는 감당할 수 없을 정도이다. 시간제 아르바이트는 청소년들에게 책임감, 진취성, 권위자에 대한 순종, 검소함 등을 가르치는 데에 유용하다. 스스로 일을 해서 돈을 벌어 보면, 소비에 대한 건전한 정신이 생길 것이다.

아들에게도 약간의 요리법과 청소하는 습관을 가르쳐야 한다. 결혼 후 아내가 아플 경우, 그런 경험이 필요할 것이다.

2) 딸에 대한 교육

오늘날의 어머니들이 할 바를 다하지 못한다는 말은 바로 요즈음 결혼하는 처녀들이 가정을 꾸려 나가는 일에 대해 아는 바가 없다는 말과 같다. 요즈음 새댁들은 요리, 바느질, 청소, 시장 보기, 빨래 다림질 등을 잘하지 못한다. 우리 어머니들은 딸들이 훌륭한 아내, 훌륭한 어머니가 되도록 가르쳐야 한다. 가르치기만 하면 분명 그렇게 되는데 우리는 모든 일에 만전을 기하면서도 가정주부가 되기 위한 준비는 해 주지 않는 것 같다.

딸이 어릴 때부터 가르치기 시작하라. 딸이 나이가 차면, 일주일에 한 번 저녁 식사를 마련하게 하라. 딸에게 값진 경험이 될 것이며, 자신감도 얻을 것이다.

제4장

자녀가 부모님에게

01

무슨 일이든 부모님과 의논하라

크고 작은 일을 모두 부모님과 의논을 하라. 왜냐하면 부모님들은 나이가 들어가면서 자녀들이 자신들의 품에서 점점 떠나가고 있다고 생각하기 때문에 자신들이 자녀들로부터 소외당하고 있다고 느끼게 된다.

따라서, 아무리 하찮은 일이라도 부모님께 의논을 한다는 자체는 부모님으로 하여금 자신들이 자녀들로부터 소외당하지 않고 자녀들로부터 관심을 받고 있다고 생각되기 때문에 정신적으로나 육체적으로나 모두 건강한 생활을 할 수 있게 되는 것이다. 의논할 일이 없거든 의도적으로라도 부모님께 다가가 당신의 주변 상황을 말씀드리고 부모님의 의견을 구하라.

02

부모님을 도와 드려라

자녀들이 자라는 속도와 비례하여 부모님들이 느끼는 세월의 무게는 점점 크게 느끼게 된다. 흔히 자신의 나이만큼의 속도로 인생이 달려간다는 말이 있다. 20대는 20킬로미터의 속도로 달리고, 40대는 40킬로미터의 속도로 달리며, 80대는 80킬로미터의 속도로 달린다는 말이다. 그만큼 나이가 들수록 세월이 빠르게 지나간다는 말을 비유하는 표현일 것이다.

부모님들은 나이가 들어갈수록 점점 육체적으로 힘이 약해질 뿐만 아니라 정신적으로도 자신을 지탱하기가 힘들어지게 되는 경우가 많다. 이럴 때 자녀들이 모든 일에 부모님을 도와 부모님이 힘이 들지 않게 배려해야 하는 것은 지극히 당연한 의무라 할 것이다.

혼자서 힘에 부쳐 거동하기 힘들어하시는 부모님을 부축하여 드리고, 같이 손을 잡고 나들이나 산책을 한다거나, 부모님을 모시고 목욕탕에 가서 목욕을 도와 드린다거나, 혼자서 신문을 읽을 수 없을 때 신문을 대신 읽어 드린다거나, 가시고 싶어 하시는 곳에 팔짱을 끼고 함께 간다거나 하는 일들을 통해 부모님께 기쁨을 드리는 일이야말로 자녀로서의 행복이 아닐까 생각한다.

03

부모님의 말씀을 잘 경청하라

자녀들은 미래와 꿈과 비전을 먹고 살지만 나이가 들어가는 부모님들은 과거를 먹고 사신다. 그래서 부모님들로서는 자신의 과거와 자신의 어린 시절을 회상하시면서 자녀들에게 이야기를 하고 싶어 하신다. 자신의 살아온 뒤안길을 돌아보시면서 추억을 먹고 사시는 것이다.

이럴 때 자녀로서는 부모님이 하시는 말씀을 그냥 앉아서 잘 경청하는 것만으로도 큰 효도가 될 수 있는 것이다. 부모님들께 비싼 보약 지어드릴 생각하지 말고 환한 얼굴로 부모님의 말씀을 들어 드려라. 이에 더해 자녀들이 시간이 날 때마다 일부러라도 부모님께 다가가 부모님의 어린 시절 이야기며, 결혼 생활 이야기, 고생하셨던 시절 이야기, 자신들의 어릴 적 시절 이야기 등을 들려 달라고 말씀드려라. 그리하면 부모님들은 기쁜 마음으로 당신들의 어린 시절 이야기 등을 자세히 말씀해 주실 것이다.

자녀들이여 부모님을 건강하게 모시고 싶은가? 그렇다면 부모님의 말씀을 늙은이들의 넋두리라고 생각하지 말고 기쁜 마음으로 경청하라. 부모님의 말씀을 잘 경청하는 그 자체만으로도 훌륭한 효도가 될 것이다.

04

매일 부모님에게 한 가지 이상의 기쁨을 드려라

나이가 들어갈수록 기쁘고 즐거운 마음보다는 서운한 마음이 더 많이 드는 것이 인지상정이다. 그렇기 때문에 자녀들로서는 매일 같이 부모님을 기쁘게 해 드릴 생각을 하고 무슨 일이든 최소한 하루에 한 가지 이상의 기쁨을 드리도록 노력해야 할 것이다. 매일 한 가지 이상의 기쁨을 드리도록 노력하라는 말에 주눅이 들 필요는 없다. 왜냐하면 부모님은 큰 기쁨을 원하지 않으시기 때문이다. 지극히 사소한 것이라도 마음만 있으면 가능한 것이다.

예를 들자면, 부모님께서 좋아하시는 별미를 만들어 드린다거나, 부모님께서 좋아하시는 음악을 들을 수 있게 해 드린다거나, 좋아하시는 텔레비전 프로그램을 보실 수 있게 한다거나, 좋아하시는 장소에 모시고 간다거나, 자녀들의 일상에서 좋은 일이 있으면 부모님께 말씀드린다거나, 가끔씩 좋아하시는 물건을 사 드린다거나(아주 싼 물건일지라도 부모님은 금액을 따지지 않으시고 자신을 생각해서 사왔다는 자체에 기쁨을 느끼신다), 만나고 싶어 하시는 분을 만날 수 있게 해 드린다거나 하는 아주 사소한 부분을 통해 큰 기쁨을 느끼시는 것이다. 당신의 조그만 보살핌을 통해 부모님들은 정신적으로나 육체적으로 건강한 삶을 영위하시게 된다.

05

부모님께 대한 고마움을 말로 표현하라

당신을 이 세상에 존재하게 하시고 오늘의 당신을 있게 해 주신 정말 고마우신 분이 바로 당신의 부모님이다. 부모의 그 큰 은혜에 무엇으로 보답할 수 있으랴! 높고 높은 하늘보다, 넓고 넓은 바다보다 깊은 어버이 은혜에 큰 선물로 보답하려고 하지 말라. 항상 부모님께 대한 고마운 마음과 감사하는 마음을 수시로 말로 표현하고 행동으로 표현하라. 표현되지 않는 사랑은 사랑이 아니고 표현되지 않은 감사는 감사가 아니다. 여러분이 진정으로 부모님께 대해 고마운 마음을 말로 표현해 줄 때 부모님들은 한없는 보람과 삶의 힘을 얻게 된다.

조용한 시간 틈을 내어 「부모님 은혜」 노래를 불러 보라. 그리고, 부모님께 가만히 다가가 고맙고 감사하는 마음을 표현해 보아라. 부모님이 현재 살아 계시다는 사실에 더욱 감사하라. 저자는 비교적 젊은 나이에 부모님께서 돌아가셨기 때문에 현재 나이 드신 분들이 부모님을 모시고 사시는 분들을 보면 얼마나 부러운지 모른다.

지금 당신의 부모님께서 살아 계시는가? 감사하고 항상 부모님께 대한 고마움을 말로 행동으로 표현해서 부모님께 삶의 보람을 느끼실 수 있도록 해 드리기 바란다. 부모님은 당신을 기다려 주지 않으신다. 오늘 지금 바로 하라. 내일이면 부모님이 여러분들의 곁에 계시지 않을 수도 있다. 후회하지 말고….

현재 부모님과 떨어져 살고 있는가? 그렇다면 곧바로 전화로 부모님께 대한 고마움과 감사의 마음을 전하라.

어머님 은혜

높고 높은 하늘이라 말들 하지만
나는 나는 높은 게 또 하나 있지
낳으시고 기르시는 어머님 은혜
푸른 하늘 그보다도 높은 것 같아

넓고 넓은 바다라고 말들 하지만
나는 나는 넓은 게 또 하나 있지
사람 되라 이르시는 어머님 은혜
푸른 바다 그보다도 넓은 것 같아

어머니의 마음

낳으실 제 괴로움 다 잊으시고
기르실 제 밤낮으로 애쓰는 마음
진자리 마른자리 갈아 뉘시며
손발이 다 닳도록 고생하시네
하늘 아래 그 무엇이 높다 하리오
어머님의 희생은 가이없어라

어려선 안고 업고 얼러 주시고
자라선 문 기대어 기다리는 맘
앓을 사 그릇될 사 자식 생각에
고우시던 이마 위에 주름이 가득
땅 위에 그 무엇이 높다 하리오
어머님의 정성은 그지없어라

사람의 마음속엔 온가지 소원
어머님의 마음속엔 오직 한 가지
아낌없이 일생을 자식 위하여
살과 뼈를 깎아서 바치는 마음
인간의 그 무엇이 거룩하리오
어머님의 사랑은 지극하여라

06

순종하라

부모님의 말씀에 무조건 순종하라. 비록 당신의 마음에 들지 않는 부분이 있더라도 일단은 무조건 순종하라. 당신이 부모님의 말씀을 순종하지 않고 거역하거나, 토를 달게 되면 부모님께서는 심한 좌절감과 패배감에 휩싸이게 될 것이다. 도저히 당신이 감당할 수 없는 말씀을 하시더라도 부모님께서 말씀하시는 즉시 거역하지 말고, 그 당시에는 순종하라.

그 후 시간이 지나면 조용히 부모님께 다가가 상황과 형편을 말씀드려라. 그렇게 하면 부모님도 당신의 입장을 충분히 이해하시고 그 말씀을 거두실 것이다. 그러나 절대로 부모님 면전에서 거역하거나 불순종하는 모습을 보이지 마라.

07

항상 밝은 표정을 짓고, 찡그린 얼굴을 하지 마라

부모님이 계실 때는 자녀들이 무슨 일을 하든지 기쁨으로 하는 모습을 보이고 항상 밝은 표정을 짓되, 절대로 찡그린 얼굴을 부모님에게 보이지 말라. 왜냐하면 부모님께서는 자녀들의 찡그린 얼굴을 대하게 되면 자녀가 어디 아파서 찡그리고 있는 것이 아닌지 걱정을 하시거나, 아니면 자신이 무엇을 잘못해서 자녀가 얼굴을 찡그리고 있는 것이 아닌지 생각하시며 자신을 돌아보게 되신다.

당신이 항상 밝은 표정으로 부모님을 대하게 될 때에는 부모님도 기분이 좋고 표정도 밝아지겠지만 당신이 찡그린 얼굴로 부모님을 대하게 되면 부모님께서는 자녀가 아픈지 걱정을 하시고, 자신도 모르는 사이 자신을 자책하며 자신이 뭔가 잘못한 것이라도 있는지 자신을 돌아보고 자신을 학대하게 되기 때문이다. 부모님을 건강하시게 오래오래 사시게 하고 싶으면 당신의 얼굴을 활짝 펴서 날마다 밝은 표정으로 부모님을 대하라. 그리하면 부모님께서도 항상 밝은 표정이 되실 것이다. 부모님께 위장병을 생기게 하고 부모님을 일찍 돌아가시게 하고 싶거든 날마다 부모님 앞에서 찡그리고 화내며 부모님을 불편하게 해 드려라. 그리하면 부모님은 일찍 당신 곁을 떠나가실 것이다.

08

목소리를 낮춰라

부모님이 계시는 곳에서 자녀들이 큰소리를 내거나 화를 내면 부모님은 얼마나 불편하신지 모른다. 당신이 목소리를 높일 일이 있으면 밖에 나가서 해결하라. 절대로 부모님 계시는 곳에서 큰소리를 내거나 화를 내어 부모님을 불편하게 해서는 안 될 것이다. 당신이 목소리를 높이거나 화를 내면 부모님께서는 자신이 잘못하여 당신이 목소리를 높이거나 화를 내는 것으로 생각하시기 때문이다.

09

형제 간에 다투지 마라

부모님이 계신 면전에서 형제간에 다투는 일은 절대로 피해야 할 일이다. 열 손가락 물어 안 아픈 손가락이 없다는 말이 있듯이 부모님께 있어서는 자녀들은 모두가 사랑스럽고 귀중한 존재들이다. 그런데 그런 부모님 앞에서 자녀들이 다투는 것을 보게 되면 그 부모님은 가슴에 큰 상처를 받게 된다. 그러니 절대로 부모님 앞에서 형제가 다투지 마라. 다툴 일이 생기거든 부모님이 계시지 않을 때에 하든지 아니면 밖에 나가서 해결한 후 화해하고 집에 돌아와서는 부모님 앞에서는 형제가 화목한 모습을 보여 드려라. 그렇게 하는 것이 바로 부모님에게 효도하는 일이고 부모님을 행복하게 해 드리는 일이다.

10

부모님께 일을 드려라

자녀들은 부모님이 나이가 들수록 힘이 없어 일을 할 수 없다고 생각하여 무조건 일거리를 주지 않고 자녀들의 일하는 모습을 보게만 하든지, 아니면 아예 일하는 곳에 함께하지도 못하게 하는 경우가 많다. 이것은 큰 잘못이다. 나이가 들어 갈수록 부모님께는 적당한 소일거리를 드리거나 부모님이 원하시는 일을 드리는 것이 오히려 건강한 노후를 보낼 수 있게 해 드리는 것이다. 부모님이 힘이 부족하여 힘든 일을 하시지 못하시면 부모님께서 힘 안 들이고도 할 수 있는 일을 찾아서 부모님께 일거리를 만들어 드려라. 그래야 부모님은 소외감을 느끼시지 않으신다.

그리고, 만약 당신의 부모님께서 평생을 농사일을 지으시던 분들인데 그런 부모님께 하루 종일 아파트에 틀어박혀 텔레비전만 보시라고 한다면 그것이야말로 생지옥일 것이다. 이웃에 조그만 텃밭이라도 만들어 농사짓는 재미를 느끼게 해 드린다거나 힘이 들지 않고도 할 수 있는 소일거리를 만들어 부모님께 일을 드리는 것이야말로 부모님을 정신적으로나 육체적으로나 건강한 삶을 살게 해 드리는 원천일 것이다.

11

항상 부모님의 입장에서 생각하라

자녀들은 모든 일을 부모님의 입장에서 생각하는 습관을 들여야 한다. 왜냐하면 자녀들의 입장에서 보면 하찮게 여겨지는 것들이 부모님의 입장에서 보면 굉장히 큰 일일 수도 있는 것이다. 항상 부모님의 입장에서 헤아려 살펴보고 부모님의 입장이라면 어떻게 할 것이지를 곰곰이 생각하여야 부모님이 섭섭하지 않으실 것이다. 장애인이 아닐 때에는 장애인의 입장을 이해 못한다. 과부 입장은 홀아비가 안다고 하지 않는가? 자녀들이여 항상 부모님의 입장에서 생각하고, 말하고, 행동하라. 그것이 부모에게 효도하는 일이다.

12

부모님을 자주 안아 드려라

나이가 들어갈수록 무언가가 허전하고 외롭게 느껴진다. 그러니 수시로 부모님을 찾아가 자주 안아 드려야 허전하고 외로운 마음을 달래 드릴 수가 있는 것이다. 자녀들이 부모님을 자주 안아 드리는 행위야말로 부모님이 자식들로부터 사랑받고 있다는 것을 확인하는 가장 중요한 증표일 것이다. 당신이 어릴 때는 부모님으로부터 많이 받았으니(혹시 어릴 때 부모님으로부터 받지 못하였다고 하더라도 그것은 잊어버리고) 이젠 부모님께 돌려드려라.

사람이 나이가 들면 어린아이가 된다고 하지 않던가? 이제부터는 말로만 사랑한다고 고백하지 말고 사랑하는 말과 감사하다는 말을 해 드리면서 실제 부모님을 사랑하고 있다는 표현으로 부모님을 자주 안아 드림으로 인해 부모님은 자녀들로부터 항상 사랑받고 있다는 사실을 깨달으시고 건강한 삶을 살아가실 것이다.

표현하지 않은 사랑은 사랑이 아니다.

13

집을 나설 때는 반드시 부모님께 말씀을 드리고 나가라

집을 떠나 어디든 나가게 될 때는 반드시 부모님께 말씀을 드리고 나가라. 왜냐하면 부모님들은 자녀들이 집에 없으면 걱정을 하게 되기 때문이다. 잠깐 밖에 나갔다 올 일이 있더라도 부모님께 반드시 어디 갔다 오겠다고 말씀을 드린 후에 나갔다 와라. 자녀들이 생각할 때 잠깐 밖에 갔다 올 것인데 굳이 부모님께 말씀을 드릴 필요가 있겠느냐고 생각할는지 모르겠지만 부모님은 그렇지 않다. 잠시라도 자녀들이 집에 없다는 사실을 알게 되면 불안해하시는 것이 부모의 심정이다.

그러니 자녀들은 아무리 짧은 시간 밖에 나갔다 온다 할지라도 반드시 부모님께 말씀을 드리고 나가야 부모님께서 걱정을 안 하신다.

14

항상 행선지를 알려 드리고, 늦거든 미리 전화를 드려라

자녀들이 외출하고 나면 그때부터 부모님들은 자녀들이 집에 돌아올 때까지 무슨 일이 일어나지 않을까 노심초사하시는 것이 부모님들의 다 같은 심정일 것이다. 그러므로 자녀 된 자로서는 자신의 행선지를 항상 부모님께 분명하게 알려 드려서 부모님들이 괜한 걱정을 하지 않으시도록 신경을 써야 할 것이다.

그리고 외출해서 애당초 생각지도 못했던 사정 때문에 귀가 시간이 늦어지게 되면 가정에 계시는 부모님들은 얼마나 걱정을 하시는지 모른다. 자녀들 입장에서는 일을 보거나 놀다 보면 늦어질 수도 있고, 그런 것쯤은 부모님들께서 이해하시겠지 생각할 수도 있겠지만 부모님들의 입장에서는 전혀 그렇지 않다. 부모님들은 자녀들의 귀가 시간이 조금만 지체되어도 걱정을 하시고 염려로 안절부절 못하신다. 이런 마음을 헤아려 드리는 자녀라면 당초 시간보다 지체되거나 늦어지게 될 경우, 가지고 있는 휴대전화나 아니면 휴대전화가 없더라도 친구의 휴대전화나 가까운 공중전화로 늦어지는 상황을 설명드리고 늦어도 언제까지는 도착할 수 있을 것 같다는 정도의 연락을 취해 두는 것이 부모님께 걱정을 덜 끼치는 방법이다.

이런 일 외에도, 어디 가게 되면 반드시 도착한 시간과 장소를 말씀드리고, 급하게 연락할 일이 있으면 어디로 연락하시면 된다고 목적지의 전화번호를 반드시 부모님에게 가르쳐 드리는 것이 부모님을 안심시켜 드리는 작은 효도가 될 것이다.

이 외에도 행선지가 변하게 되면 수시로 부모님께 연락을 드려 부모님으로 하여금 괜한 걱정을 끼치지 않도록 세심하게 배려해야 한다. 자녀들의 입장에서 보면 괜히 간섭같이 느낄 수도 있고, 쓸데없는 번거로운 행동으로 생각할 수도 있지만 부모님께 자신의 행선지를 가르쳐 드려서 부모님과 언제든지 통화가 가능하다는 확신을 드리는 일이야말로 효도 중의 효도가 될 것이다. 자녀들과 연락이 닿지 않아 부모님들의 흰머리가 늘어난다면 그것은 자녀 된 자로서의 도리가 아닐 뿐만 아니라 불효로 가는 지름길인 것이다. 자녀들이여, 여러분들의 행선지를 항상 부모님께 분명히 알려 드리고, 혹시라도 귀가 시간이 늦어지게 되거든 미리 전화를 드려 부모님을 안심시켜 드려라.

15

부모님의 말씀을 잔소리로 듣지 마라

부모님의 입장에서 보면 자녀의 나이가 아무리 많고 장성하였더라도 자녀의 나이에 상관없이 자녀는 항상 어리고 약하게만 보이는 것이다. 그렇기 때문에 부모님들은 자녀의 일거수일투족이 걱정이 되고 신경이 쓰여서 사사건건 자녀에게 말씀을 하시는 것이다.

그러나 이런 부모님의 입장과는 반대로 자녀의 입장에서 보면 부모님이 자녀가 걱정되어서 하시는 말씀 한마디 한마디가 모두 잔소리로 들릴 수도 있을 것이다. 그러나 부모님의 말씀이 당신을 진정 걱정하시는 마음에서 하시는 말씀이라고 생각하고 그 말씀에 순종하고 감사하라. 이 세상에서 자녀를 걱정하시는 분이 부모님 말고 누가 또 있는가?

손자까지 둔 60세를 훨씬 넘은 아들이 아침에 출근하려고 부모님께 찾아가 문안인사를 한다. 그랬더니 80세 되신 아버지가 “얘야! 차 조심하고, 횡단보도 건널 때 신호등 잘 보고 파란불일 때

건너가거라"라고 하셨다는 말이 있지 않은가?

또, 90세 되신 아버지가 60세가 넘은 아들을 데리고 지하철역에서 차표를 끊으면서 역무원에게 "여기 어른 표 1장과 아이 표 1장 주시오"라고 말씀하셨다는 우스갯소리도 있지 않은가?

이 세상에서 나를 걱정해 주시는 부모님이 아직까지도 살아 계시다는 사실 하나만으로도 감사하라. 저자와 같이 어린 나이에 부모님을 여읜 사람들은 부모님이 살아 계신 어르신들을 보면 얼마나 부러운지 모른다.

부모님이 지금 여러분과 함께 같이 살아 계심에 깊이 감사를 드려라.

16

부모님을 공경하라

많은 사람들이 존경하는 인물을 세계적인 위대한 위인들로 꼽는다. 그러나 저자는 부모님을 가장 존경한다. 왜냐하면 비록 남들처럼 내세울 만한 학력이나 자랑할 것이 없을지라도 저자를 이 세상에 태어나게 해 주셨고, 길러 주셨고, 교육시켜 주셨고, 당신들의 모든 일생을 희생하셔서 오늘의 저자를 있게 해 주셨기 때문이기도 하지만 그리 아니하셨을지라도 저자는 부모님께 감사하고, 이 세상에서 그 어떤 위대한 인물보다 저자의 부모님을 가장 존경한다. 저자에게 있어서 이보다 더 존경할 인물이 어디 있겠는가?

그렇다. 부모님은 당신을 이 세상에 태어나게 해 주셨고, 진자리 마른자리 갈아 뉘시며 오늘의 여러분들을 있게 해 주신 세상에서 가장 고마운 분이다. 그러므로 당신은 부모님을 공경하여야 마땅할 것이다. 부모님을 공경하는 것이 모든 행동의 근본이라는 말이 있지 않은가? 부모님을 공경하게 되면 말부터 달라질 것이고, 말이 달라지면 행동이 달라질 것이고, 행동이 달라지면 습관이 달라질 것이다. 부모님을 공경하는 마음으로 부모님 살아 계실 제 섬기기를 다하기를 바란다.

1) 자녀를 위한 십계명

① 어른들을 존경하고 옳은 말은 순종하자.
② 남에게 친절하고 남을 도와주자.
③ 규칙적으로 먹고 자고 공부하고 운동하자.
④ 내가 할 수 있는 일은 내 힘으로 하자.
⑤ 누구에게나 예의 바르게 행동하자.
⑥ 남을 방해하거나 폐를 끼치지 말자.
⑦ 남을 조롱하고, 욕하고, 무시하지 말자.
⑧ 거짓말하거나 속이지 말자.
⑨ 남의 물건을 허락받고 사용하고, 훔치지 말자.
⑩ 공중도덕을 지키고 자연과 동물을 사랑하자.

2) 부모님 사랑에 보답하는 효도를 하는 법

① 부모님을 진심으로 존경하라.

② 순종하는 마음으로 대답을 공손히 하라.

③ 부모님 앞에서 형제와 다투지 말라.

④ 부모님이 궁금해하시기 전에 설명하라.

⑤ 투정만 하지 말고 감사도 하라.

효도하는 일은 그리 어려운 일이 아닌 것 같다.

3) 자녀가 부모에게 드리는 10가지

(1) 나를 너무 귀하게 여겨 버릇없이 기르지 마십시오

내가 원하는 것을 다 가져서는 안 된다는 사실을 잘 알고 있지만 나는 오직 부모님을 한번 시험해 보고 있을 뿐입니다.

(2) 나에게 엄격하게 대하는 것을 너무 두려워하지 마십시오

나도 그것을 좋아합니다. 그것은 오히려 안전한 느낌을 줍니다.

(3) 효과 있는 꾸중을 하시려거든 남 몰래 조용히 말씀해 주세요

그러면 더 깊이 생각하게 됩니다.

(4) 나에게 사과하시는 것을 부모님의 수치나 실패로 여기지 마십시오

정직한 사과는 나에게 따뜻함을 줍니다.

(5) 부모는 완전무결하다는 것을 보여 주려고 애쓰지 마십시오

도리어 어색하게 보입니다.

(6) 나의 실수가 죄악이라고 느끼게 하지 마십시오

그러면 나의 가치관이 왜곡될 수 있습니다.

(7) 나의 정직을 너무 강요하지 마십시오

그러면 위협에 질려 거짓말을 하게 됩니다.

(8) 성가시도록 많은 말을 하지 마십시오

귀먹은 체하면서 딴청을 하게 됩니다.

(9) 갑작스럽고 깊은 생각도 없이 약속을 하지 마십시오

만약 그 약속을 어기게 되면 낙심하게 됩니다.

(10) 나는 이해 있는 사랑을 받아야 올바로 자랄 수 있음을 잊지 마십시오

그러나 이것은 말할 필요도 없습니다. 부모님이 먼저 아시니까요.

끝으로, 책을 마치면서 저자가 아버지 학교를 수료할 때 작성한 수료 소감문과 돌아가신 아버지를 생각하면서 적은 편지를 소개하고자 한다. 이 소감문과 편지를 읽으면서 다시금 부모님의 고마움을 되새겨 보는 시간이 되었으면 하는 바람에서 소개한다.

아버지 학교 수료 소감문

아버지 학교에 입학하기 전에는 어머니에게 음주 폭력을 행사하고 우리 형제들에게 씻지 못할 마음에 상처를 준 아버지를 용서하기가 쉽지 않았다.

그리고, 나 자신도 10여 년 전부터 가정 사역자로 활동하면서 전국의 많은 교회와 단체를 다니면서 부부의 사랑과 행복에 대해 세미나를 인도하였고, 올바른 자녀 교육에 대해 특강을 하러 다녔지만 구체적으로 아버지의 역할에 대해 심도 있게 배워 본 적이 없었던 터라 평소에도 기회가 되면 아버지 학교에 입학해서 제대로 배워 가정 사역 전문가로서 손색없는 강사가 되고자 생각했었는데 시간이 허락되지 않았던 관계로 참여하지 못하다 이번에는 나에게 웃음 치료사 공부를 할 수 있도록 가르쳐 주신 스승이신 구자영 형제의 권유에 의해 아버지 학교에 등록을 하고 교육을 받기 시작

했는데 교육 도중 감기 몸살이 걸려서 병원에서는 입원을 하라고 했지만 입원을 하면 아버지 학교에 갈 수가 없기 때문에 하는 수 없이 링거액 주사를 맞아 가면서 아버지 학교를 갔고, 계속 잡혀 있는 강의 일정을 생각하여 한 번만 빠지라고 하는 아내의 권유에도 아버지 학교에서 교육을 받다가 쓰러지는 한이 있어도 빠질 수 없다는 굳은 각오로 무사히 아버지 학교에 개근을 할 수 있었음에 감사를 드린다.

아버지 학교 첫째 날 영상물을 보고 강사님으로부터 강의를 듣는 순간 아버지를 생각하면서 질곡의 아픈 시대를 살아가면서 술과 폭력으로 그 회한을 풀 수밖에 없었던 아버지를 이해하게 되었고, 숙제인 아버지께 드리는 편지를 쓰면서 그동안 억눌러 왔던 아버지에 대한 그리움으로 가슴이 터질 것 같은 감정을 느끼게 되었고, 돌이켜 생각해 보니 아버지께서 술을 드시지 않으셨을 때의 일들을 생각하면서 새삼 아버지에 대한 고마움을 느끼게 된 계기가 되었다. 이제는 고통을 미움을 주셨던 아버지를 용서할 수 있었고, 아버지에 대한 그리움과 고마운 마음을 편지에 담으면서 많은 눈물을 흘렸다. 아버지에 대한 편지는 그 후로 내가 부부 세미나나 행복한 가정 만들기 특강 시 편지를 읽어 주었고, 편지 내용을 듣는 모든 성도님들도 함께 은혜받는 모습을 보고 새삼 아버지 학교에 입학하기를 잘했다는 생각이 들었다.

계속되는 아버지 학교의 수업을 통해 아내에 대한 사랑의 고백과 자녀들에게 대한 사랑의 고백을 더 자주 하게 되었고, 아내에게 보내는 편지와 자녀들에게 보내는 편지, 아내가 사랑스러운 20가지 이유와 자녀가 사랑스러운 20가지 이유를 생각해 내면서 그동안 내가 얼마나 아내와 자녀들에게 무심하였는지를 반성하는 좋은 기회가 되었다.

아버지 학교를 통해 아내와 자녀를 이해하고 앞으로는 가정 사역자로서 진정 아내를 사랑하는 남편이 되고 자녀들에게 자상한 아버지가 되어야 하겠다는 각오와 결단을 하게 된 정말 보람 있는 교육 기간이었음에 감사를 드린다. 물론, 숙제를 이행하느라 다소 긴장되고 힘들었던 기억들이 있었지만 그 또한 거룩한 고민으로 인해 오히려 생활에 활력소가 되었음을 고백하지 않을 수 없다.

그리고, 아버지 학교를 다니면서 작성했던 아버지에게 쓰는 편지를 전국의 교회를 다니며 웃음을 통한 행복한 가정 만들기와 행복한 가정 세미나를 인도하면서 강의 도중에 읽으면서 저도 울고 편지 내용을 듣는 모든 성도님들도 아픔을 동감하며 온통 울음바다가 되어 눈물로 같은 아픔이 치유되는 하나님의 역사가 일어나는 현장을 보았다.

아버지 학교를 통해서 깨달은 또 다른 것은 거룩한 섬김을 통해 아버지 학교에 헌신하시는 선배님들을 보면서 천국의 모습을 다시금 보게 되었다. 기쁜 마음으로 섬기는 아름다운 헌신과 만면에 웃음을 띠고 사랑의 언어와 진정 반가워하면서 행하는 포옹을 통해 가슴이 열리고 끈끈한 동료애 같은 것을 느낄 수 있는 좋은 계기가 되었고, 나도 아버지 학교를 수료하게 되면 나에게 있는 가정사역 전문가로서 아름답게 헌신하고 섬길 수 있는 길을 찾아서 봉사할 수 있었으면 하는 바람도 많다.

아버지 학교를 다니면서 변화된 모습이라면 아내의 아픔을 조금 더 이해할 수 있게 되었고, 아내와 함께 더 많은 시간을 보내야 되겠다는 다짐을 하게 되었고, 자녀들에게 보다 적극적인 사랑의 표현과 아울러 자녀들에게 좋은 영향력을 끼칠 수 있는 좋은 아버지가 되도록 노력해야 되겠다는 각오를 다시금 하면서 좋은 남편, 좋은 아버지가 되기 위해 날마다 하나님의 도우심을 구하며 살아가고 있다.

주님! 제가 아버지입니다.

아버지 학교의 주제를 외치면서 아버지로서 바르게 살아야 되겠다는 각오를 새롭게 다지게 되었고, 남편으로서 아내를 진정 사랑하며 살아야 되겠다는 다짐을 하면서 앞으로 주위에 많은 아버지들에게 아버지 학교 입학을 적극적으로 권유하며 나 자신도 아버지 학교에 어떤 형태로든 헌신하며 봉사의 삶을 살아가기를 다짐해 본다.

마창진 아버지 학교 20기를 수료하면서 서대반

아버지에게 쓰는 편지

아버지!

20년이 넘는 세월 동안 혼자서 가슴속에 묻어 두고 미워하기도 하고 원망도 해 보고 미치도록 그리워하기도 했던 아버지에 대한 기억들을 이제야 꺼내 봅니다.

참으로 오랜 만에 당신을 불러봅니다.

당신이 교통사고를 당하시어 위독하시다는 소식을 듣고 응급실로 급히 달려가면서 만감이 교차했던 그때의 감정이 새삼 느껴져 옵니다. 결국 당신은 가족들에게 말로 다할 수 없는 고통과 슬픔만 남겨 놓으시고 우리 곁을 영원히 떠나셨지요.

장례식을 치른 후 다시는 생각하고 싶지 않았던 당신이었지만 지금 와서 당신을 생각하니 눈물이 앞을 가리는 것은 무슨 이유인지요.

그 이유는 오직 하나 바로 당신이 나의 아버지이셨다는 사실이 나로 하여금 미치도록 눈물짓게 합니다.

살아생전 평소에는 말도 없으시며 당신의 일을 묵묵히 수행하셨던 당신께서 저녁때만 되면 술에 만취한 모습으로 두 얼굴을 가진 완전히 다른 분이 되어서 귀가하셔서는 매일같이 밥상을 뒤엎으시고, 어머니를 구타하고, 심지어는 흉기를 들고 어머니를 죽이시겠다며 달려드시는 바람에 어머니가 맨발로 온 동네를 도망 다니셨고, 가재도구를 닥치는 대로 부수시는 바람에 결국엔 사랑하는 형이 참다못해 당신에게 "제발 술 그만 드시고 가정을 행복하게 해 달라"는 유서를 남기고 자살을 하였지만 당신께서는 그 자식의 싸늘한 시신을 앞에 두고서도 어머니를 원망하시며 술을 드시는 모습을 보이시므로 남은 가족들에게 씻을 수 없는 배신감을 남기셨고, 또 다른 형은 그 후유증으로 정신 이상이 되었으며 그 일로 우리 가족은 지옥 아닌 지옥 생활을 하였던 것을 기억하시는지요. 당시에 그 충격으로 정신 이상이 되었던 형은 아직까지도 그 아픔을 잊지 못하고 고통 받으며 어려운 삶을 영위하고 있습니다.

그땐 아버지가 왜 그리 원망스럽고 밉고 싫던지…. 당시 태산과도 같았던 당신을 대항할 생각조차 할 수 없었던 연약하고 어린 저로서는 나중에 커서 대통령이 되면 술을 모두 없애 버리겠다고 혼자서 다짐을 하였고, 장성하여 아버지에게 대항할 힘이 생길 때는 반드시 아버지를 응징하고야 말겠다는 복수심을 가지고 눈물로 아픔을 참으며 각오를 곱씹으며 살아 왔던 세월을 당신은 아마 모르실 겁니다.

떠올려 생각조차 하기 싫은 당신의 술주정과 가정 폭력으로 인해 매일매일이 지옥과 같았던 끔찍했던 어린 시절의 아픈 기억들.

1일 행사로 치러지는 가정 폭력으로 인해 하루도 성할 날이 없이 온몸이 상처투성이인 어머니의 상처를 어루만지며 어머니의 가슴에 파묻혀 어머니와 함께 켜켜이 서럽게 울던 어린 가슴에는 아버지에 대한 증오심과 미움만이 싹터 올랐고, 형의 자살 사건으로 인해 정신 이상자가 된 또 다른 형은 당신에게 붙들려 알몸으로 쇠사슬에 묶여 쇠몽둥이로 얻어맞으면서 고통에 못 이겨 저를 쳐다보며 좀 풀어 달라고 절규하는 형이 안타까웠지만 아버지가 무서워 어떻게 해 볼 수 없었던 연약한 어린 저로서는 그 처참한 광경에 발만 동동 구르며 눈물만 흘리며 바라볼 수밖에 없었던 어린 가슴은 이미 멍이 들어 씻을 수 없는 상처로 깊이 남아 버렸습니다.

남들이 흔히 말하는 행복한 가정, 그리고, 가정에서의 웃음과 행복, 사랑이라는 단어는 우리 집안에서는 사치였고, 먼 남의 나라 얘기였지요. 왜냐하면 하루하루의 밤을 넘긴다는 것이 그야말로 지옥 생활의 연속이었으니까요.

그러나 이제 저도 두 아이의 아버지가 되어 돌이켜 생각해 보니 시대적인 아픔과 질곡의 세월을 사셨던 당신이 고통의 세월에 대한 항거의 표시로 술에 의지하여 폭력이라는 수단을 빌려 밖으로 표출할 수밖에 없었으리라고 생각하며 이제는 당신을 용서하려 합니다.

힘든 세월을 술로 견디며 그 원한과 아픔을 표현하는 방법이 달라 가족들에게는 너무나 힘든 기억들로 가득했던 지난날의 세월들이었고, 지금 생각해 보면 당신에 대한 좋은 기억이라고는 거의 없지만 이제는 아버지를 용서할 수 있을 것 같습니다.

아버지!

저는 아버지에게서 받았던 그런 고통을 가족인 아내와 자식들에게 물려주지 않기 위해 나름대로 열심히 행복한 가정을 만들기 위한 전문 강좌를 수강하여 십여 년 전부터 전국 교회를 다니면서 가정 사역자로 활동하면서 아내와 자녀들에게 웃음과 사랑과 행복을 전해 주기 위해 노력한 결과 하나님의 은혜로 아들 진수 녀석은 아르바이트를 하면서도 4년간 수석을 놓치지 않았고, 딸 지혜는 고등학교를 수석으로 졸업하고서도 어려운 가정 형편을 생각하여 아버지를 돕겠다며 수원의 삼성전기에 입사하여 주·야간을 교대 근무를 하느라 힘이 들어서 살도 많이 빠졌지만 그래도 부모가 걱정할까 봐 힘들지 않다며 부모를 위로하는 착한 아이들로 자랄 수 있도록 도와주신 하나님 은혜에 항상 감사한 마음을 가지며, 잘 자라 준 아이들이 고맙고 기특해서 아이들만 생각하면 눈물이 앞을 가립니다.

이 모든 것도 당신께서 저를 이 세상에 태어나게 해 주셨기 때문이라 생각하니 아버지에 대해 이제는 용서를 넘어 감사한 마음을 가지게 됩니다.

아버지!

며칠 전 꿈속에 나타나셔서 저에게 다정하게 대해 주셨을 때 비록 꿈속에서였지만 저는 얼마나 행복했는지 잠을 깨고도 한참 동안 아버지를 생각하였습니다. 아버지에게 칭찬 한번 듣지 못하고 자랐던 저였지만 이제는 아버지가 제 곁에 없으시다는 사실 하나만으로도 아버지가 미치도록 그립고 보고 싶습니다.

아버지!

가정 폭력에 대한 아픔을 겪어 보지 않은 사람은 진정으로 그 아픔을 공감하지 못합니다. 그래서 저는 오히려 당신으로부터 그런 아픔을 겪었기 때문에 이 세상에서 저와 같은 아픔을 안고 살아가는 많은 가정 폭력 피해자들을 위로하고 가정에 웃음과 행복을 찾아 줄 수 있는 진정한 상담사가 될 수 있다는 생각이 들어 가정을 회복하는 일에 이 한 목숨 바치기로 다짐하고 이제 그 길을 기쁜 마음으로 걸어가고 있습니다. 저와 같은 아픔을 가진 사람들을 위로하고 치료하는 가정 폭력 상담사로, 웃음을 통한 행복한 가정 만들기, 행복한 가정 세미나를 인도하는 행복 박사로 전국을 다니며 저와 같은 아픔을 가지고 있으면서도 그 상처를 치료받지 못하고 힘들게 살아가고 있는 수많은 사람들의 아픔을 위로하고 치료하기 위해 열심히 노력하고 있습니다.

아버지!

이제 제가 좀 더 좋은 아버지기 되기 위해 이곳 두란노 아버지 학교에 입학을 하였습니다. 이곳에서 좀 더 많이 배워서 앞으로도 계속 가정 폭력과 웃음을 잃고 고통 받는 많은 사람들에게 새로운 웃음과 사랑과 희망과 행복을 찾아서 가정 천국을 만들어 나가는 방법을 가르쳐 줄 수 있도록 도와주시고, 이 땅의 아버지들이 변할 수 있도록 당신이 하늘나라에서 많이 도와주십시오.

아버지!

오늘 저녁 꿈속에 다시 한 번만 더 찾아오셔서 살아생전에 한 번도 저에게 해 주지 않으셨던 일, 저를 한 번 꼭 안아 주세요. 그리고, 저에게 평생토록 한 번도 해 주지 않으셨던 말씀, "아들아! 사랑한다"는 말씀을 단 한 번만이라도 해 주십시오.

오늘따라 가슴이 시리도록 당신이 보고 싶고, 당신의 모습이 너무너무 그립습니다. 아버지! 보고 싶습니다. 아버지! 사랑합니다.

그리고, 목청껏 아버지를 불러보고 싶습니다. 아버지!

당신을 너무너무 사랑하는 막내아들 대반 올림

참고 문헌

1. 슈테판 클라인 지음, 김영옥 옮김, 『행복의 공식』, 웅진지식하우스, 2006
2. 폴 루이스 지음, 김동찬 옮김, 『멋진 아버지들의 5가지 습관』, 기독교문사, 1996
3. 박명호, 『불화없는 행복한 가정』, 석국, 1992
4. 조엘 오스틴 지음, 정성묵 옮김, 『긍정의 힘』, 두란노, 2005, p.296
5. 박영한, 『웃음 치료 건강법』, 버들미디어, 2006, p.44, p.75
6. 꿈이 많은 사람, 『입술의 열매 1』, 하늘사다리, 1997
7. 꿈이 많은 사람, 『입술의 열매 2』, 하늘사다리, 1997
8. 로버트 치알디니, 이현우 옮김, 《설득의 심리학》, 북이십일, 2006
9. 신연식, 『사랑은 가정의 기초입니다』, 기독지혜사, 1993, 서울
10. 히구치 유이치 지음, 홍성민 옮김, 『사람이 따르는 말 사람이 떠나는 말』, 대교베텔스만, 2005
11. 롤프 가복 지음, 이기승 옮김, 『하루에 한 번 자녀를 축복하라』, 두란노, 1997
12. 이요셉·김채송화, 『하루 5분 웃음운동법』, 스타리치북스, 2017
13. 신연식, 『자녀에게는 가능성이 있습니다』, 기독지혜사, 1993, 서울

14. 가토 다이조 지음, 김은진 옮김, 『행복한 아이로 키우고 싶다면 부모가 먼저 버려라』, 중앙M&B, 2001
15. 가나모리 우라코 지음, 이병희 옮김, 『참으로 마음이 따뜻해지는 책』, 주변인의길, 2002
16. 루스실로 지음, 문경은 옮김, 『유태인의 자녀를 키우는 천재 교육법』, 아이템북스, 2007
17. 최효찬, 『세계 명문가의 자녀교육』, 예담, 2006
18. 스티븐 코비 지음, 김경섭 옮김, 『성공하는 사람들의 7가지 습관』, 김영사, 2017
19. 나카타니 아키히로 지음, 이선희 옮김, 『20대에 하지 않으면 안 될 50가지』, 홍익출판사, 1997
20. 김영진, 『10대여, 네 안의 힘을 믿어라』, 웅진씽크빅, 2005
21. 초록생명지킴의, 『똑같이 공부하고도 2배의 효과를 내는 9가지 방법』, 고려원북스, 2005
22. 루 비어즐리 지음, 김미경 옮김, 『사랑받는 아내 존경받는 엄마』, 나침반, 1997
23. 하워드 헨드릭스, 『부부가 함께 만드는 작은 천국』, 파이디온선교회, 1992
24. 윤경남 외, 『부부십계명』, 영한문화사, 1986
25. 김종주, 『행복한 부부 사랑의 보약』, 예솔, 1994
26. 서형숙, 『엄마 학교』, 큰솔, 2006
27. 여운학, 『나에게 보내는 희망편지 77』, 규장, 2005